わたしは12歳、爆撃される悪夢を見る夜。

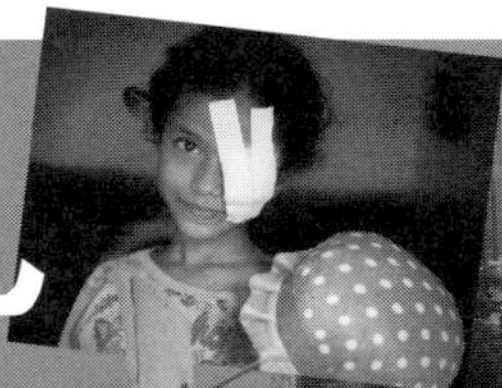

公益社団法人 セーブ・ザ・チルドレン・ジャパン――著
井筒 節（東京大学総合文化研究科 特任准教授）――監修

紛争下でこころのケアを必要とする4億人の子どもたち

合同出版

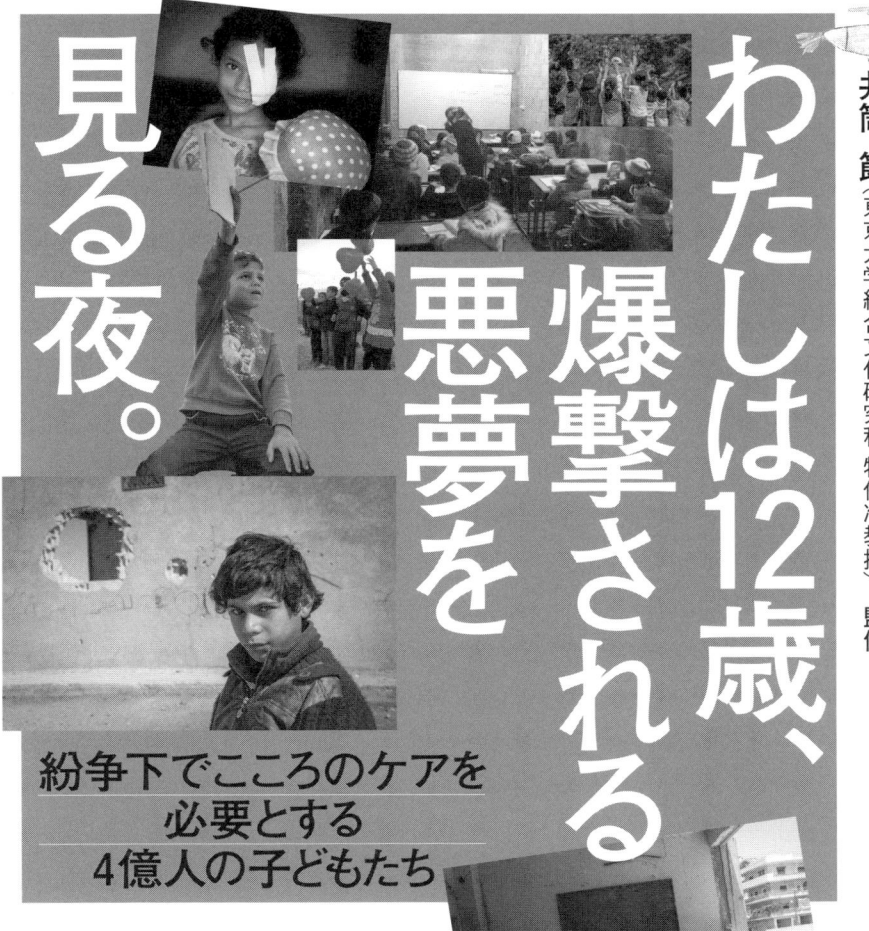

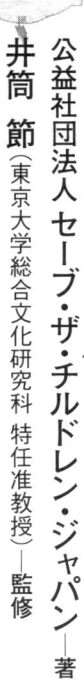

この本を読まれるみなさまへ

「戦争とは、それが正義であれ不正義であれ、悲惨な結果をもたらそうが勝利をもたらそうが、子どもたちに対する宣戦布告なのです」

――エグランタイン・ジェブ

これは、セーブ・ザ・チルドレンの創設者であるエグランタイン・ジェブの言葉です。

エグランタイン・ジェブは、第一次世界大戦で荒廃したヨーロッパで、敵味方の区別なく、栄養不良に苦しむ子どもたちの援助に取り組みました。彼女は、イギリスと敵対していた側を支援することへの人びとの懸念や批判を乗り越え、飢えに苦しむヨーロッパの子どもたちを救うため、食料と薬を送り続けました。

また、ジェブは、その活動の中で、子どもの権利に関する世界初の公式文書とされる「ジュネーブ子どもの権利宣言」*を起草しています。この理念は、現在196の国と地域が批准している「子どもの権利条約」へとつながり、世界に広がっています。

セーブ・ザ・チルドレンは、生きる・育つ・守られる・参加する「子どもの権利」が実現された世界を目指し、日本を含む世界約120カ国で子ども支援の活動を行う、民間・非営利の国際組織です。1919年にイギリスで誕生し、2019年で創設から100年を迎えました。

私たちが2019年2月に発表した報告書『子どもに対する戦争を止める』では、世界中で少なくとも4億2000万人――5人に1人の子どもが、紛争下で暮らしていることが明らかになっています。日本の総人口が、およそ1億2700万人ということを考えると、いかに多くの子どもたちが、過酷な状況の中で毎日の生活を送り、そして日々暴力と恐怖にさらされているかがわかります。

この本を読んでいるみなさんの中には、新聞やテレビの報道で、紛争で荒廃した都市のようすなどを目にしたことがある人もたくさんいると思います。

この本では、紛争下の子どもたちの声や状況を紹介するとともに、セーブ・ザ・チルドレンが世界約120カ国で行っている、緊急・人道支援や、教育、保健・栄養といった、さまざまな分野の支援活動の中から、特に、紛争に巻き込まれた子どもの「こころのケア（精神保健・心理社会的支援）」について紹介します。

また、紛争の影響を受けた地域のみならず、地震など自然災害に見舞われた地域での子ども支援の現場で行っている「子どものための心理的応急処置」という方法についても、お伝えしています。さらに、子どもの権利や子どもの権利が守られるためのさまざまな働きかけについても紹介しています。

紛争や災害などが起こると、子どもたちとその家族、コミュニティが受ける影響はさまざまであり、必要な支援も一人ひとり異なります。そして、それぞれの人には、レジリエンスがあります。人道支援を行う時には、このことを忘れずに、子どもやその家族とともに、そのコミュニティにすでにある資源を活用しながら、害を与えることなく、公平・無差別に、それぞれの人のニーズに合った支援をしていくということが大切です。

この本では、私たちの活動の中から、特に、紛争下の子どもたちについて紹介しますが、世界では、子どもたちを取り巻くあらゆる環境において課題が山積みです。

この本の読者のみなさんには、紛争によって日常生活が一変し、厳しい環境での生活を余儀なくされた子どもたちの状況を知っていただくとともに、世界中のあらゆる国や地域で暮らす子どもたちの「子どもの権利」についても考える機会になればと思っています。

公益社団法人セーブ・ザ・チルドレン・ジャパン
専務理事・事務局長　千賀　邦夫

＊１９２４年に、国際連盟で採択された。第一次世界大戦で多くの子どもたちが犠牲になった反省から、人類は子どものために最善のものを与える義務を負うことが宣言されている。

●ジュネーブ子どもの権利宣言の起草案

●第一次世界大戦後荒廃し、飢えに苦しんでいた子どもたちに食料を支援した

こころのケア（精神保健・心理社会的支援）について

　この本では、紛争や自然災害といった危機的状況下にある子どもたちの状況や、そうした状況の中にある子どもたちに対するセーブ・ザ・チルドレンのこころのケアについて、お伝えしています。私たちが行っているこころのケアは、精神保健・心理社会的支援を指します。[*1] これは、精神科医といった医療の専門家による治療を目的とした行為だけでなく、紛争や自然災害で被災し、心理的苦痛や社会的苦痛が生じている人びとに対して、身体的、精神的、社会的に良好な状態を守り、またより良い状態にすることや、精神疾患の予防を含む、支援を必要とする個々の人の必要性に応じたさまざまな支援のことを言います。[*2]

　こうした、紛争や自然災害の影響を受けた人たちを、身体的、精神的、社会的に良好な状態に守ったり、より良い状態にしたり、精神疾患の予防を行うにはどうしたらよいでしょうか。それには、まず、生きていくうえで必要な衣食住や、基本的な保健医療などの生活環境を整えるといった社会的な側面が重要になります。そのため、こころのケアは、独立して何かひとつの支援のみが提供されるのではなく、災害の影響を受けた人が生きていく上で、必要な基本的ニーズ（衣・食・住・基本的な医療）から個々のニーズに対応していくことが重要です。

　こうしたこころのケアは、次ページに示す、ピラミッド型の図で表されます。あらゆる人にとって大切な「基本的なサービスおよび安全」から限られた人が必要とする「専門的サービス」まで、上から下に向かっ

精神保健・心理社会的支援の介入ピラミッド

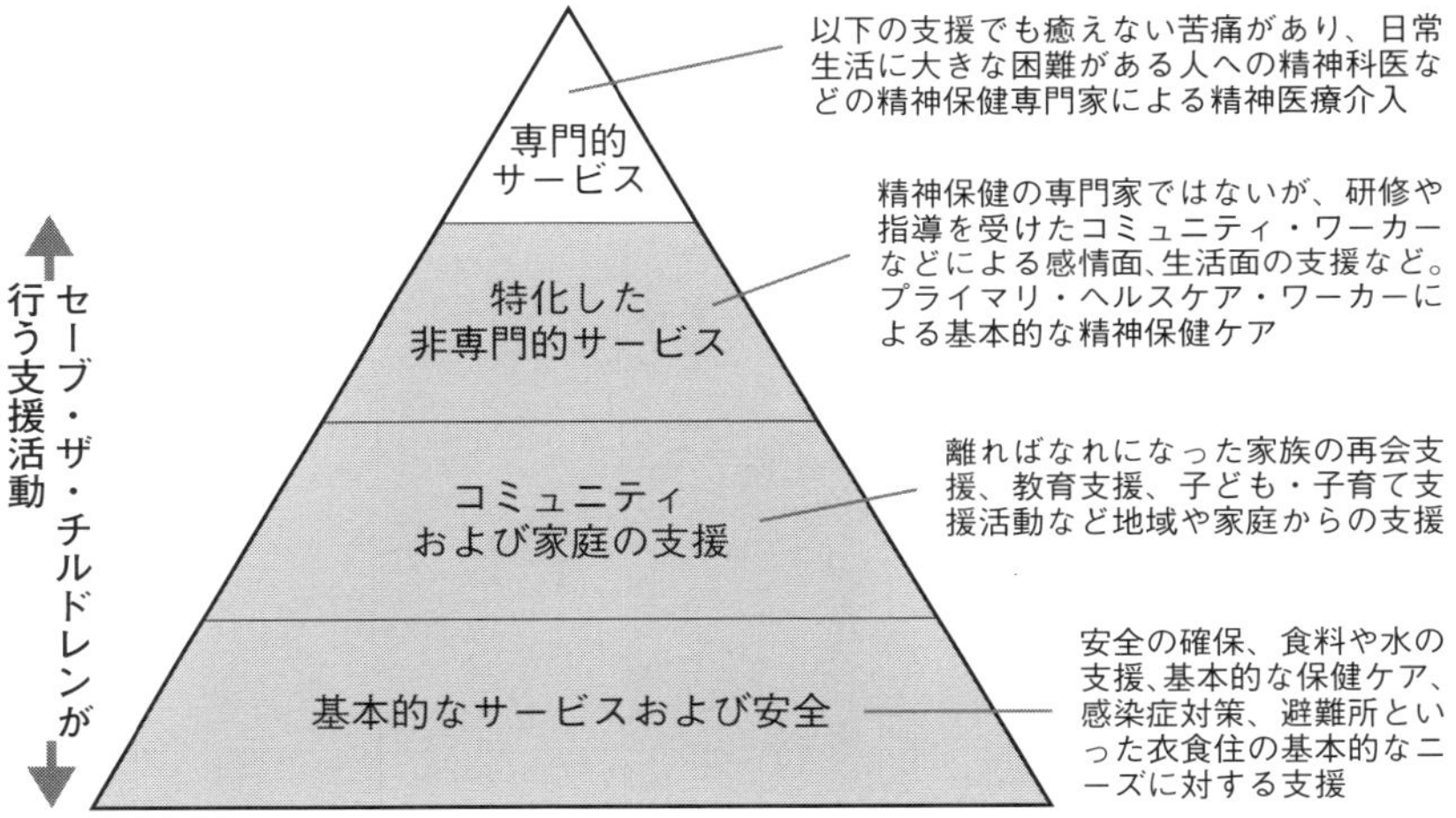
専門的
サービス
以下の支援でも癒えない苦痛があり、日常生活に大きな困難がある人への精神科医などの精神保健専門家による精神医療介入
特化した
非専門的サービス
精神保健の専門家ではないが、研修や指導を受けたコミュニティ・ワーカーなどによる感情面、生活面の支援など。プライマリ・ヘルスケア・ワーカーによる基本的な精神保健ケア
コミュニティ
および家庭の支援
離ればなれになった家族の再会支援、教育支援、子ども・子育て支援活動など地域や家庭からの支援
基本的なサービスおよび安全
安全の確保、食料や水の支援、基本的な保健ケア、感染症対策、避難所といった衣食住の基本的なニーズに対する支援
セーブ・ザ・チルドレンが行う支援活動

て必要とする人は多くなります。セーブ・ザ・チルドレンは、矢印で示した部分の支援活動を世界で行っています。例えば、この本の第4章の支援活動は、「特化した非専門的サービス」にあたります。第5章で紹介する「心理的応急処置」は、ピラミッドのさまざまな支援活動が相互に補完されながら、並行して支援を必要としている人たちに届くようにするための支援者が使える方法のひとつです。

＊1　精神保健・心理社会的支援については、国際的な指針である『災害・紛争等緊急時における精神保健・心理社会的支援に関するＩＡＳＣガイドライン』(Inter-Agency Standing Committee（ＩＡＳＣ／機関間常設委員会）[2007]) で示されています。また、本書の5章でも説明をしています。以下で参照することができます。
https://www.who.int/mental_health/emergencies/mh_IASC_guideliness_japanese.pdf

＊2　右記のガイドラインでは、「心理社会的ウェルビーイングを守り、促進し、または精神疾患を予防・治療することを目的とするあらゆる種類のコミュニティ内、そして外部からの支援」と定義されています。

もくじ

第3章　見えない傷
——紛争は子どもたちのメンタルヘルスにどんな影響を与えたか

第4章　地域で子どもの保護を強化する活動

第5章　子どもの危機的状況に対応する心理的応急処置

第6章　すべての子どもの権利を実現するために

イラスト：シリアの国内避難民の子どもたちが描いた絵

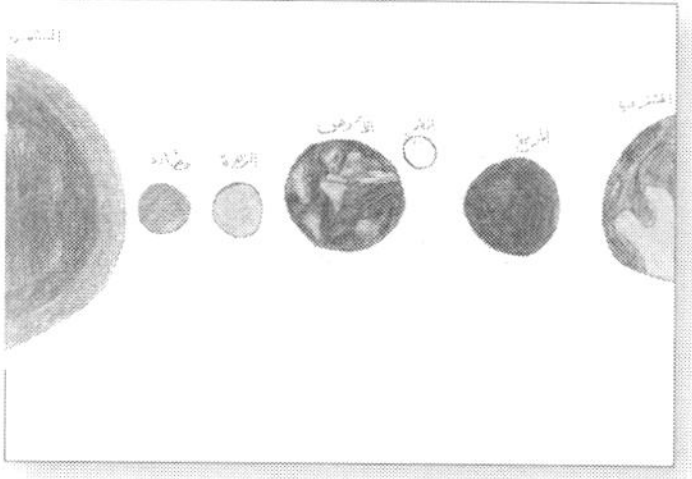

第1章 私たちが出会った子どもたち

シリアからヨルダンに避難したヤセムさん

ヤセムさん（13歳）は、シリアからヨルダンに避難する前は心配事もなく、たくさんの友達がいて、近所や学校の友達と遊ぶ時間もたくさんある生活を送っていました。将来の夢は、数学の先生になることでした。

しかし、シリアの紛争*によってヤセムさんの家が激しい砲撃により破壊されました。隣国ヨルダンにあるザータリ難民キャンプに、両親ときょうだい５人で避難してから、ヤセムさんの暮らしは一変しました。

これまでと変わらない生活を続けようと、ヤセムさんは、難民キャンプにある学校に通い始めました。１学期が終わった時父親はシリアに１人で戻ることになったため、家族の中で年長の兄（14歳）とヤセムさんは、家族の生活を支えるために、学校に通うのをやめて働き始めました。

母親が借金をして、息子たちが使えるようなアイスクリームの屋台を、１５００ヨルダン・ディナール（約22万５０００円）で購入しました。

兄と交代で１日おきに屋台を引いて商売をし、午前9時から午後10時まで

●ヤセムさん
避難生活を送るザータリ難民キャンプで（©Farah Sayegh / Save the Children）

＊**シリアの紛争**：２０１１年３月15日に起こった紛争。２０１９年２月現在も続いており、これまでに５６８万人以上が周辺国（レバノン、ヨルダン、イラク、トルコなど）へ避難している（２０１９年２月７日現在）。

で、3~4ヨルダン・ディナール＊を売り上げます。ヤセムさんは、売り上げのほんの一部をもらい、残りは母親に渡して家計の足しにします。

「難民＊としての生活を始めた時は、とても悲しかったです。そして、キャンプの学校をやめた時、自分の夢がどんどん遠のいてしまったように感じました。私の1日は、午前7時に家族のパンを買いに行くことから始まります。そして、家に戻ってから屋台を引いて、夜まで難民キャンプにいる大人や子どもたちにアイスクリームを売ります。

学校に通っていた時は、毎日そんなに疲れませんでした。少し宿題をすれば夕方には休んだり遊んだりすることができました。仕事をしていると、毎日クタクタになってしまいます。今は、父と一緒に生活していないから、私が家族のために収入を得る以外の選択肢はありません。でもこの状況がすぐに変わり、学校に通って卒業したいと願っています」

＊1ヨルダン・ディナール＝157.58円（2019年4月5日現在）

●シリア

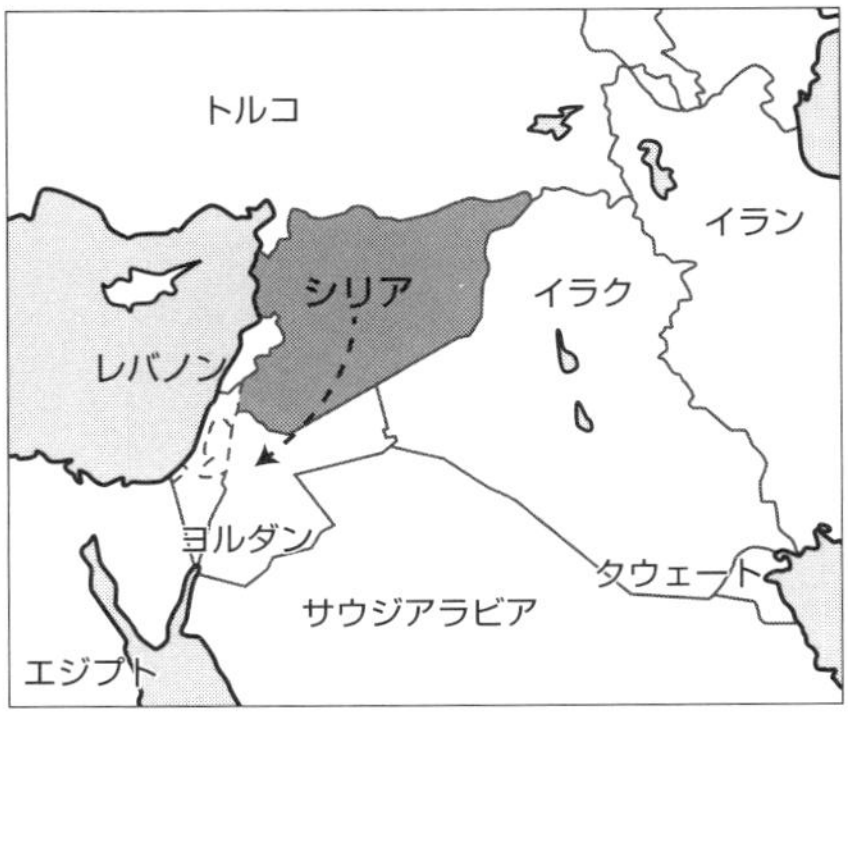

＊**難民**：人種や宗教などにより迫害を受ける、または迫害を受ける恐れがあるために、あるいは、現在では、紛争や人権侵害などから逃れるために国境を越えて他国に庇護を求める人。

空爆で学校に行けなくなったシリアのザイナブさん

ザイナブさんは母親ときょうだい2人と一緒に、シリア北東部ハサケ県で避難生活をしている11歳の少女です。父親は故郷のシリア東部デリゾールに残り、家族のために仕事を続けることにしました。空爆や爆撃が始まって周りに住む子どもたちも学校に長期間通えなくなり、弟のように学んだことを忘れてしまった子もいるといいます。

「ひどいことをたくさん見てしまったような気がします。私たちは、学校に戻って教育を受ける必要があります。紛争が始まって、それまで習ったことをすべて忘れてしまった子どもたちもいます。

9歳の弟は、『1+1や1×2は?』と聞いても答えられません。アルファベットの文字がわからない子どもたちもたくさんいます。習ったことを全部、忘れてしまいました。紛争による影響を受け続けなければ、こうはならなかったでしょう。

私はもう2年も学校に行っていません。弟はほとんど学校に行くことができ

●ザイナブさん
シリアの国内避難民キャンプで、家族と住むテントの中で
(©Save the Children)

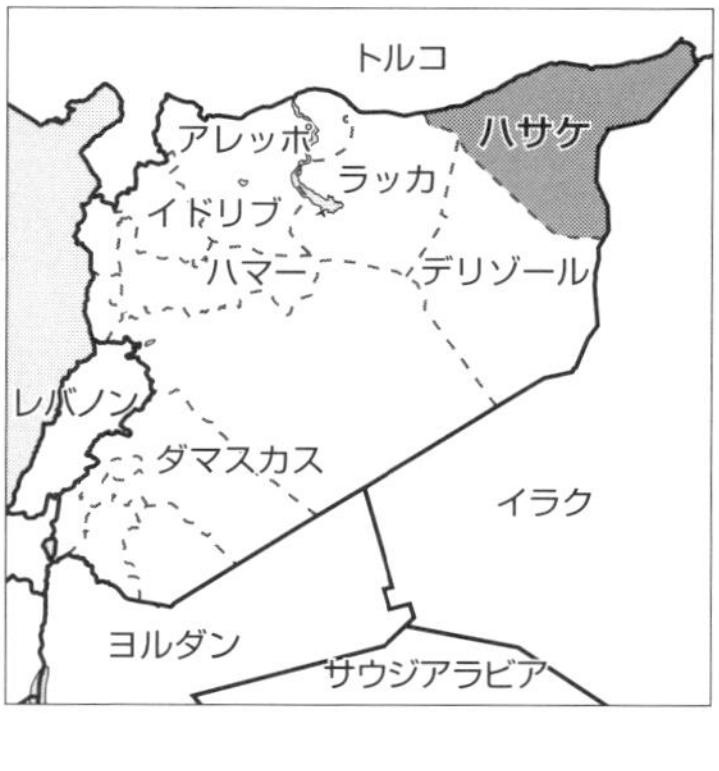

●シリア・ハサケ県

ないまま成長しました。このまま状況が変わらずに歳をとってしまったら、どうすればいいのでしょう。私は勉強して、大きくなったら自分の子どもにも勉強を教えたいです。先生になりたいです。このまま何年も過ぎ去って、私は何にもなることができなかったとしたら？　こんな不公平なことはないと思います」

モスルから逃げ避難生活を送るイラクのランドさん

8人きょうだいの末っ子のランドさん（12歳）は、イラク北部モスルに大家族で暮らしていました。休みには家族で郊外に旅行したり、親族を訪ねたりすることもありました。

しかし、過激派組織*が、モスルに侵攻してきた時、持ち物も持たずに車に飛び乗り、急いでモスルの外に逃げなくてはなりませんでした。ランドさんの住んでいた地域は攻撃にあい、過激派組織の支配下におかれました。

「自宅から避難した日は、本当にひどい日でした。みんなでお昼ごはんを食べていた時、発砲音と爆発音が聞こえ、着の身着のまま車に乗って逃げまし

●ランドさん
通っている学校の教室で
（©Dario Bosio / Save the Children）

＊過激派組織：暴力や武力行為などによって、思想を実現しようとする集団。

た。とても怖くて、どこに行ったらよいのかもわかりませんでしたが、両親は、シリア難民のためのキャンプに向かうことにしました。難民キャンプにたどり着いた時、とても疲れていました。

翌朝私たちは、周囲が泥だらけで、いろいろなものが汚れていることに気がつきました。人がたくさんいて、混とんとしていて、水も、トイレも、シャワーもありませんでした。家族全員、床で寝て、着替えも何も持っていませんでした。

私はそんな環境が大嫌いで、1日中泣いていました。自分の部屋から服や持ち物を持ってこなかったことを後悔して、いつも泣いていました。両親には『どこか他の場所に連れて行ってほしい』と何度もお願いしてやっと5カ月後、別の場所に移ることになりました」

移動した先は、小さな村にある小さな家でした。ランドさんは、プライバシーが保たれ、水がある生活がうれしかったと言います。少なくとも水道水や、トイレ、シャワー、虫が入れないような壁がありました。この小さな家に5~6カ月間暮らしました。

その後再び家族で、小さな町にある小さなアパートに引っ越すことになり、

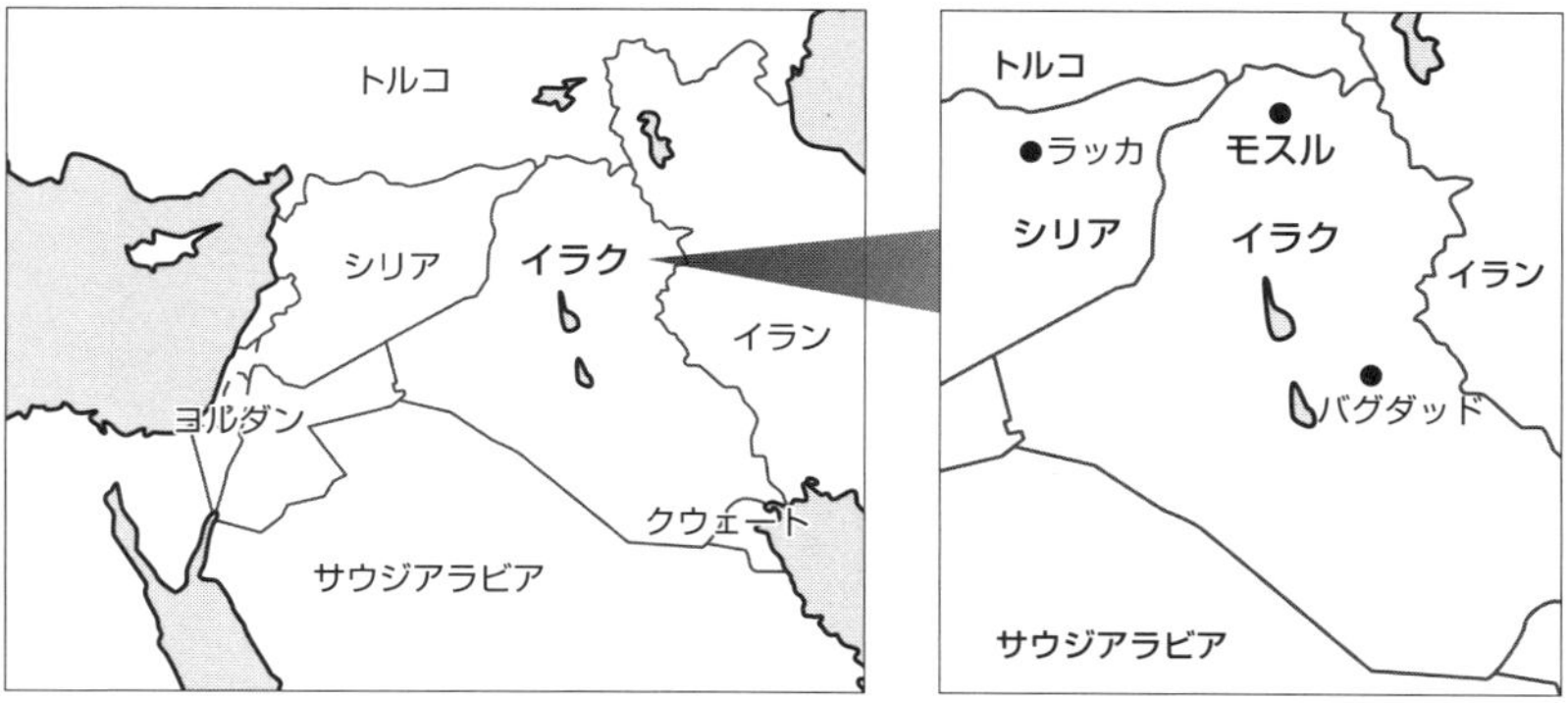

イラク・モスル

ランドさんは、ついに学校に通うことができました。そこで出会った友達はランドさんと似たような境遇の子どもたちばかりで、一緒に、故郷での暮らしや、故郷に戻った時のことを話すのが楽しい時間です。

「逃げてくる前のモスルでの生活を今でも思い出します。私たち家族は、広い庭のある、2階建ての大きな家に暮らしていました。庭には、花が咲き乱れ、木々に囲まれ、きょうだいと一緒に1日中、かくれんぼや、サッカーなどをして遊んでいました。家族と一緒に、滝を見に行ったり、郊外にピクニックへ出かけました。私たちは大家族でしたが、私と同じくらいの年の子はいなかったので、みんな、私にとても優しかったです。学校が大好きで、たくさん友達がいました。礼儀正しい生徒だったので、先生は私のことが気に入っていたと思います。モスルから避難した時、私は3年生でした。それから、3年が経ち、今は5年生にいます。本当は、6年生ですが、避難していたため1年間学校に通えなかったからです。

学校に通えなかった期間は、とてもつらかったです。何もすることがなく、友達もいませんでした。そして、遊ぶことも、外に出ることもできませんでした。また学校に通うことができて、とても感謝しています。

●ランドさん（左端）と友人
（©Dario Bosio / Save the Children）

このアパートに引っ越してきてから、家族で街に出かけたり、市場やモールで過ごしたり、遊園地に行ったりするようになり、モスルに暮らしていた時と同じようなことができるので、うれしいです。

でも、自分の家がとても恋しいです。自宅は爆撃されたと思うので、また建て直して、全部前と同じにしたいです。今、町がどのようになっているのかわかりませんが、必ず再建されると思っています」

バングラデシュの難民キャンプで暮らすロヒンギャのハリマさん

ミャンマーでは2017年8月にラカイン州北部で、暴力や深刻な人権侵害が起こり、72万人以上のロヒンギャ*の人たちが隣国バングラデシュに避難しました。ハリマさんが暮らしていた村にもその影響が及び、バングラデシュに避難しています。

ある日の夜、兵士がハリマさんの暮らす村を取り囲み発砲を始めたため、家族と一緒に村から避難せざるをえませんでした。まさに悪夢だったと話しま

***ロヒンギャ**：ミャンマー西部のラカイン州に住む人びと。2017年8月25日に村々を焼き払うなど市民や子どもたちに対する残虐な行為が起こったとされる。国境を越える人びとも急増し、国連は隣国バングラデシュへ避難したロヒンギャの人びとが72万人を超えた（2018年8月現在）と発表している。

す。

「家族は着の身着のまま、それぞれ散り散りに逃げました。そして、今、姉と私だけが難民キャンプにいます。両親は行方不明で、生きているとは思えません。私と姉は、何も持たずに逃げてきて、ここでは2人きりです。村にあったものは破壊され、お祈りの場所も学校もなくなってしまいました。

村から逃げた直後は、12日間だけ難民キャンプではないほかの場所にいました。しかし、食べ物が尽きてしまったので、やむを得ずここに避難して来たのです。

こうしたことが起こる前から、私は、兵士に出くわすのが怖くてたまりませんでした。というのも、少女が兵士に連れ去られることがたくさんあったのです。ある時銃声が聞こえ、兵士が近くにいるとわかったので、兵士が去るまで、家の中に隠れて静かにしていました。

もし、安全になったなら、家に帰りたいです。私たちが兵士や政府に対して何かしたのでしょうか？　彼らは、武器を持ち、権力を持っています。私たちは何も持っていません。

いま村に戻ったら、また同じことが起こるのではと、心配になります。恐怖

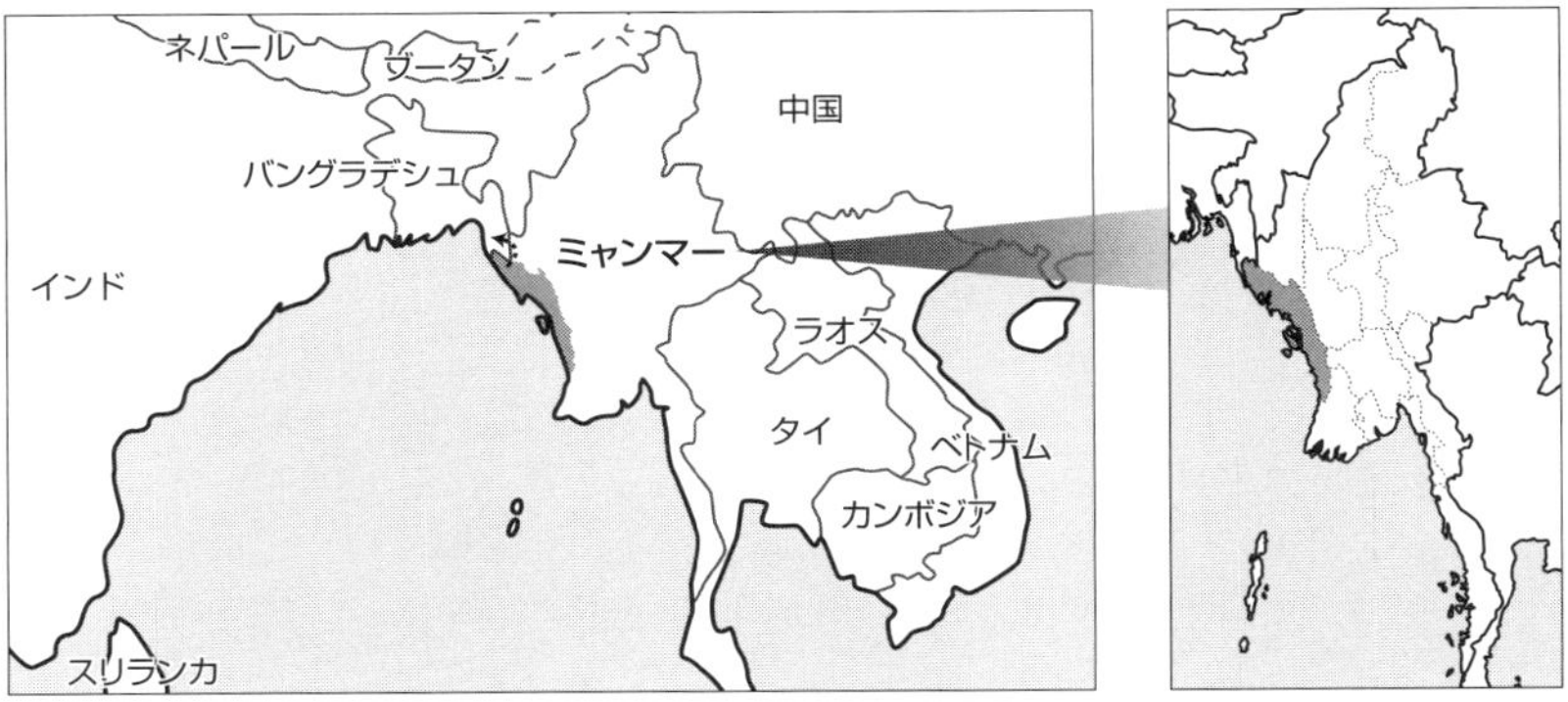

●ミャンマー・ラカイン州

から解放されたいです。私たちは、ただ平和に生活したいだけです。そしていつか、私たちに平和が来ると願っています」

村が攻撃されけがをしたイエメンのリームさん

リームさん（13歳）は、イエメン北部サアダ県に両親ときょうだい9人と暮らしていましたが、村が空爆されたため自宅から避難を強いられました。イエメンは、脆弱《ぜいじゃく》な国家統治能力や、国内の勢力対立といった不安定な状態が続き、長年にわたる貧困で、すでに深刻な人道危機にありましたが、2015年3月に対立する勢力による武力衝突が激しくなりイエメン全土がさらに大規模な人道危機に陥りました。*

「夜9時ごろ、村が空爆されました。砲弾は私の家の天井を貫通して、家族が団らんしていた部屋で爆発し、私は、ガスと煙で息をすることができませんでした。

私は、頭、もも、背中をけがし、家族の大半もけがをしました。私は、救急車が来るまで、100メートルほど歩きました。病院に運ばれると、医師から

●バングラデシュ南東部コックスバザールにある難民キャンプ（©Daphnee Cook / Save the Children）

＊**イエメンの紛争**：2015年3月26日以降、武力衝突が激化し、イエメン全土は、コレラやジフテリアなどの感染症の拡大や食料不足といった大規模な人道危機に陥っている。

はひと月分だけの薬を渡され自宅に帰るように言われました。私たちには、入院できるほどの大金はありませんでした。

　自宅に戻りましたが、真っ暗で何も見えませんでした。残っていたベッドに横になり眠ろうとしても、けがをしたところが痛くて眠れませんでした。翌朝、壁や家具に爆発のあとが見えました。

　空爆の前は、学校に通う９年生でした。学校は自宅の近くにありますが、けがのため学校に通っていません。以前は、とても良い生活をしていましたが、紛争と空爆で、悲しさと恐怖を感じる生活になってしまいました。けがしたところは、いまも痛みます。水くみや料理、洗濯といった家の手伝いをするだけで、とても疲れてしまいます。紛争がはやく終わることを願っています」

武装グループにおそわれたコンゴ民主共和国のヤニックさん

　コンゴ民主共和国に暮らすヤニックさん（15歳）は、武装グループに脅され、仲間に入るよう言われました。

●リームさん
避難生活を送る家の前で
（©Naseem Saleh / Save the Children）

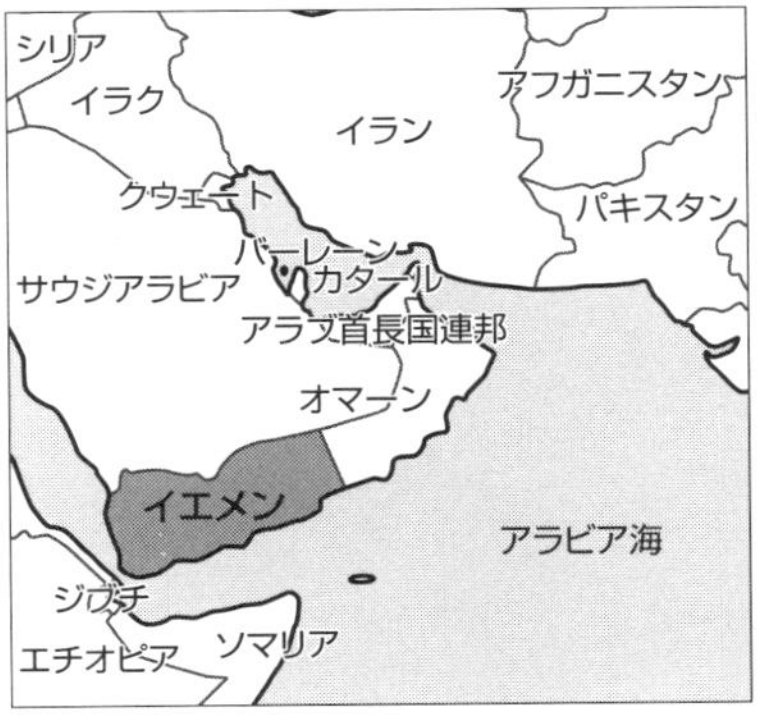

●イエメン

コンゴ民主共和国では１９９０年以降、国内で対立が続き、紛争が起こるなど不安定な状況が続きました。特に、東部の地域は、２０００年以降も、勢力間の対立や天然資源＊をめぐる対立が続いており、不安定な情勢にあります。こうした状況の中で子どもたちは声をかけられ兵士に勧誘されます。

「武装グループが村に来て、『仲間に加わらなかったら殺す。入らなければ、家族も殺し、家は焼き払う』と脅しました。私は家族のことが心配になり、武装グループに加わることにしました。母親には何も話さず、村から去りました。

武装グループは、新兵の洗礼のために私を他の村に連れて行きました。洗礼を受けると、神秘的な力と戦う強さが得られると言われました。洗礼でアリを食べろと言われ、洗礼の後に、彼らは、けがをしないことを証明すると言って、私たちをおので殴りました。あまりに恐ろしくて、一刻も早く逃げ出したかったです。

実際に戦闘にも参加させられました。戦いのための棒と赤いはちまきを渡されました。そして『戦闘中は、恐れることは何もない。兵士に撃たれたり、負傷しても、何も起こらない。私たちは不死身だ』と言われました。

●ヤニックさん
自宅前でトランプをして遊ぶ
(©Mike Sunderland / Save the Children)

＊天然資源：コルタンなどのレアメタル（希少金属）や、金・銀・ダイヤモンド等の資源。

私たちは、一列の隊列を組んで、棒で武装して戦闘に向かいました。相手の兵士は、私たちを見つけると、すぐに発砲してきました。『弾は当たらない』と聞かされそれを信じていたので、最初は立ち止まり相手の兵士が銃で撃ってくるのをただ見ていました。しかし、私たちは、友人たちがバタバタと倒れていくのを見て、逃げ出しました。

村に戻った子もいましたが、母は私が何も言わずに武装グループに加わったことに動揺し、帰ってくるのを許してくれませんでした。聖職者が両親を説得してくれて、ようやく家に戻ることができました。

これまで起こったことを忘れることができるので、サッカーやトランプで遊ぶのが好きです。また学校に通って、いつか仕事に就きたいです」

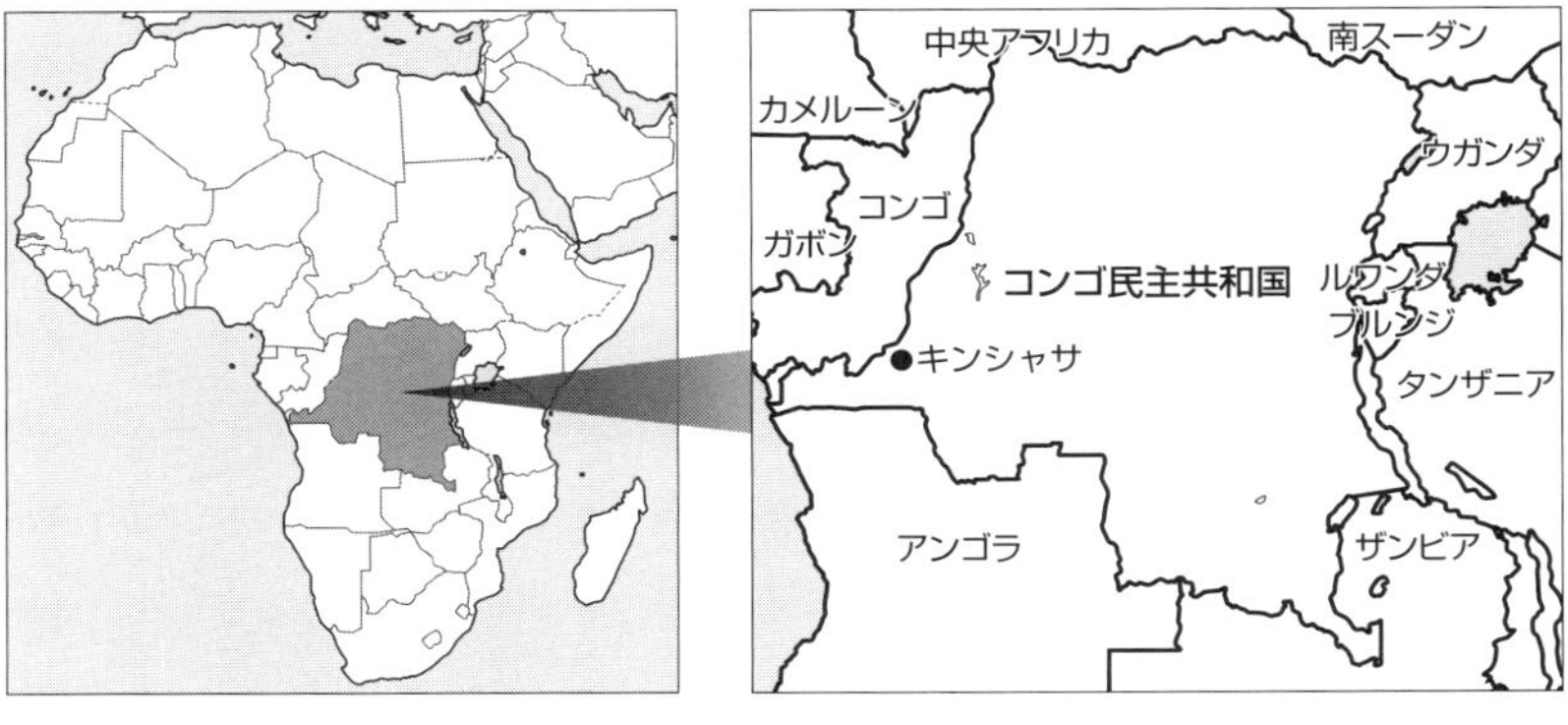

●コンゴ民主共和国

●2011年３月から紛争が続くシリア。かつて学校として建てられた建物の前に立つのは、モハナドさん（３歳）。ここがモハナドさんの家。建物には亀裂が入り、窓やドアもなく、家具もない。雨が天井や壁から漏れたり、風が屋内に入り、防寒のための設備もない。この「家」にはモハナドさん家族のほかに、10家族が暮らしている（©Khalil Ashawi / Save the Children）

第2章

紛争下に暮らす子どもたち

世界中で、どのくらいの子どもたちが、紛争下の地域に住んでいると思いますか。

セーブ・ザ・チルドレンが、オスロ国際平和研究所や国連の報告書をもとに分析した結果*によると、世界では、およそ4億2000万人の子どもたちが紛争下の地域に暮らしていると考えられています。この人数は、1990年代初頭と比べると2倍以上であり、世界で5人に1人の子どもが、紛争下に暮らしていることを意味します。

また、4億2000万人の約3分の1にあたる1億4200万人が、高強度紛争地域と言われる地域——国連が定める「子どもに対する6つの重大な暴力」である、①子どもの殺害と傷害行為②子どもの軍隊への勧誘と利用③子どもに対する性暴力④子どもの誘拐⑤学校や病院に対する攻撃⑥子どもたちに人道支援を届けることができない——の影響がある地域に住んでいます。

この章では、なぜ子どもたちが紛争が起こっている地域に住んでいるのかについてや、紛争下の子どもたちがどういった状況で暮らしているのかについて、国連が定める子どもに対する6つの重大な暴力に沿って、一緒に見ていきたいと思います。

*セーブ・ザ・チルドレンは、2019年2月に、オスロ国際平和研究所の調査や、子どもと武力紛争に関する国連事務総長年次報告書などをもとに、報告書『子どもに対する戦争を止める——21世紀の紛争下で子どもたちを守る』を発表した。

●都市が破壊されたようす
(©Syria Relief / Save the Children)

都市部での紛争と爆発兵器

なぜこんなにもたくさんの子どもたちが、紛争が起こっている地域に住んでいるのでしょうか。

近年、子どもたちが日常生活を送る場所が、戦闘が行われる交戦地域や戦いの最前線になっています。戦いは、街の中心部でも、住宅街でも、学校や病院がある場所でも起こっていて、紛争が起こっている地域に子どもたちが暮らしているというよりも、平和な時は、子どもたちが毎日遊んだり、勉強したり、買い物をしていた場所が、戦場と化しているのです。赤十字国際委員会の試算では、およそ5000万人が、こうした都市部で起こる紛争の影響を受けていると考えられています。

さらに、シリアやイラク*、イエメンで起こっている紛争で見られるように、住宅街や人がたくさん集まる場所で、広範囲に爆発する兵器が使用されています。こうした爆発兵器が都市や町以外の場所で使われた場合、犠牲者やけがを負う人に占める民間人の割合は34%と考えられている一方で、都市や町で爆発

***イラクの紛争**：イラン・イラク戦争（1980〜1988）や湾岸戦争（1990〜1991）に続き、イラク戦争（2003〜2011）が起こった。この戦争の終結以降も、国内の対立や混乱に乗じて過激派組織などの活動が活発になり、不安定な状態となり人道危機に陥っている。

兵器が使用された場合、その割合は、90%になるだろうと考えられています。* 都市や町での爆発兵器の使用が、子どもたちやその家族をより危険にさらしていることがわかります。

また、こうした兵器は、子どもたちやその家族が生活する地域にある学校や病院、上下水道、電気、ごみ処理といった日常の生活に欠かせない公共サービスやインフラを破壊させ、あるいは機能不全にし、日常生活を送ることを難しくさせるなど、広範囲に深刻な影響を及ぼします。

紛争は、空爆や攻撃による命の犠牲や傷を負わせるといった直接的な影響のみならず、絶えず攻撃にさらされることによる精神的な影響や、学校に通えなくなったり、病院に行けなくなったり、暮らしに欠かせない公共のサービスが利用できなくなるといった間接的な影響も人びとに及ぼしています。

国際人道法*では、民間人を狙ったり、学校や病院、浄水場、電気を供給するインフラなどを狙う無差別な攻撃や、甚大な被害が出る攻撃を禁止しています。しかし、シリアや南スーダン*、イエメンといった国々における紛争で懸念されているように、戦争のルールを無視した無差別の暴力が拡大しています。

＊Action on Armed Violence. (2015). Explosive States: Explosive Violence in Populated Area in 2014.

＊**国際人道法**：武力衝突の際の国家や戦闘員の行動に関連する事項を扱っている国際基準。病人や負傷者した戦闘員の保護や、文民の保護などを定めたもの。「戦地にある軍隊の傷者および病者の状態の改善に関する1949年8月12日のジュネーブ条約」など4つの条約で構成される「ジュネーブ諸条約」とその追加議定書から構成される。この条約と追加議定書は、教育や家族との再会、安全な地域の提供といった子どもへの特別な保護を提唱し、医療支援や食料、服など15歳未満の子どもに無償で提供すべきものを定めている。

＊**南スーダンの紛争**：20年以上にわたる長い紛争の末に、2011年7月にスーダンから独立した。独立後も国内の状況は安定せず、国内では武力衝突が起こり、大勢の人びとが南スーダンから周辺国へ避難する事態に陥っている。

紛争の激化と長期化

ノルウェーにあるオスロ国際平和研究所の調査によると、紛争が激しさを増せば増すほど、紛争は長期化し、そして、紛争に参加する勢力が増えれば増えるほど、子どもたちが暴力にさらされる危険が増すことが明らかになっています。* さらに、紛争が長期化すると、その国の法や経済、社会が崩壊する危険性が高くなります。

29ページで都市部での戦闘や攻撃についてお話ししましたが、現代の紛争では、たくさんの国家以外の勢力が争いに参加しています。世界銀行と国連の報告書によると、1950年代は1つの紛争で平均して8つの武装勢力が争っていましたが、2010年には14の武装勢力に増えていることがわかっています。

紛争に関わる勢力がたくさんいる場合、または紛争が国際的なものであった場合、関係する勢力間の争いは激しくなり残忍な行為が増加しますが、国内外の多くの勢力が参加した結果、責任の所在があいまいになり紛争の責任を問わ

＊オスロ国際平和研究所（ＰＲＩＯ：International Peace Research Institute, Oslo）の報告書『Children and Armed Conflict: What Existing Data Can Tell Us』。

れる可能性は低くなります。また、戦闘員が戦闘に必要な資金を海外からの支援に頼ると、紛争は国外からもたらされる軍事資金によって拡大する可能性が高くなります。戦闘員や戦闘をしている勢力が地域の人びとに対して、恐怖でその地域の人びとを制圧したり、住んでいる地域から強制的に追い出すなどの暴力をはたらきやすくなります。こうした状況下で、弱い立場にあり、従順で、言いなりになりやすい子どもたちは、格好のターゲットとなっています。シリアや、コンゴ民主共和国、南スーダンでは、さまざまな武装勢力が紛争に参加し、子どもを兵士に勧誘したり、大勢の子どもたちが犠牲になるなど、子どもに対する暴力の報告があります。

さて、こうした紛争はどのくらいの期間続いているのでしょうか。シリアでは、２０１１年3月に紛争が始まってから8年も紛争が続いています。世界的に見ても、紛争は長期化しているのでしょうか。２０１７年12月に開催された国連安全保障理事会*で、国連事務総長アントニオ・グテーレスは、「長期的に見れば武力紛争の件数は減少しているが、紛争は長期化しており、平均して20年以上に及ぶ」と述べています。

紛争の長期化は、同時に人びとの避難生活の長期化も意味します。避難生活

＊**国連安全保障理事会**：国連の中にある世界の平和と安全の維持に関して主な責任を持つ国連の主要機関。例えば、紛争が平和的な手段で解決するように要請したり、平和に対する脅威などを決定し経済制裁などの必要な措置を決めたりしている。5カ国の常任理事国（アメリカ、イギリス、中国、フランス、ロシア）と、選挙により選出される10カ国の非常任理事国で構成される。

●2012年7月28日に、シリアでの紛争や暴力から逃れてきた難民に対応するため、シリアとの国境から13キロ離れたヨルダン北部に設営されたザータリ難民キャンプ。見渡す限り地平線が広がる土地に、わずか9日間で設営された。シリア難民が大勢避難してきたため2013年4月には20万人以上が避難生活を送るまでに急激に拡大した。2018年12月時点では、7万8527人が住む、世界最大のシリア難民キャンプとなった（©Jordi Matas / Save the Children）

が長引けば長引くほど、子どもたちとその家族の生活に、広い範囲で影響が及びます。

何年も避難生活が続いている場合、生まれた時から紛争や避難生活しか知らない世代や、子ども時代の大半を紛争下で生活する子どもたちもいます。住む場所を追われ避難を余儀なくされている子どもたちは、世界中に2800万人おり、* 難民としての避難生活は平均20年も続きます。

紛争に巻き込まれた子どもたちが直面する暴力

14、17ページで紹介したヤセムさんやランドさんのように、紛争により家を追われて難民*や国内避難民*として避難生活をする子どもたちや、紛争下で生活している子どもたちが直面する暴力のすべてを取り上げることはできませんが、ここでは本来、子どもたちが子ども時代にけっして経験すべきでないような状況について、国連が定める子どもに対する6つの重大な暴力に沿って1つずつ紹介します。

＊UNICEF2016年9月の報告書より。

＊**難民**：15ページ参照。

＊**国内避難民**：紛争や自然災害などによって住み慣れた家から避難を余儀なくされたが、国境を越えずに国内で避難生活をしている人。

❶子どもの殺害と傷害行為

紛争で、たくさんの子どもたちが殺されたり、重傷を負います。国連の報告書によると、2017年に、紛争で殺害されたり、重傷を負わされた子どもたちの人数は、1万6677人にのぼることが明らかになっています。

イラクやシリア、イエメンでは、空爆によって多くの子どもたちが犠牲になっています。

例えば、シリアでは、紛争で犠牲になった子どもたちの約8割が、空爆や爆撃によって死亡しています。さらに、ミャンマーやレバノン、南スーダン、スーダンでは、子どもたちは、地雷や不発弾など、紛争中に捨てられたり、置き去りにされた爆弾（爆発性戦争残存物）による深刻な被害を受けています。

こうした兵器は、子どもたちがおもちゃと間違って手にとってしまうなど、紛争中だけでなく、紛争後も、子どもたちの命を危険にさらし続けており、わかっているだけでも、2017年に地雷や爆発性戦争残存物による犠牲者のおよそ半数は子どもたちです。

紛争下の地域で、こうした数値を正確に把握することは、現地での調査が困難であったり、シリアの状況のように、国際機関が死傷者数の記録をやめたこともあり、非常に難しく、こうした人数は、あくまでも確認されている数であり、実際にはもっとたくさんの子どもたちが犠牲になったり被害に遭ったりしていると考えられています。

また、ここでは、空爆や爆発兵器など直接の攻撃で死傷した人数を取り上げていますが、それ以外にも病気や急性栄養不良など、紛争下で満足に治療や予防が行われないことで犠牲になる多くの子どもたちは含まれていません。

子どもの死傷者数と、紛争の長さを比較した調査結果からは、新しい紛争が起こったために子どもたちが犠牲になっているというよりも、すでに起こっている紛争の長期化や戦闘が激しさを増したことによるものだということがわかっています。

❷子どもの軍隊への勧誘と利用

2017年に、国連機関は、過去10年間に少なくとも6万5000人の子どもたちが武装勢力から解放されたと発表しています。その一方で、2017年には8000人の少女や少年が軍や武装勢力に加わることを強制されたと報告されています。こうした数字を見ても明らかなとおり、紛争下で数万人の子ど

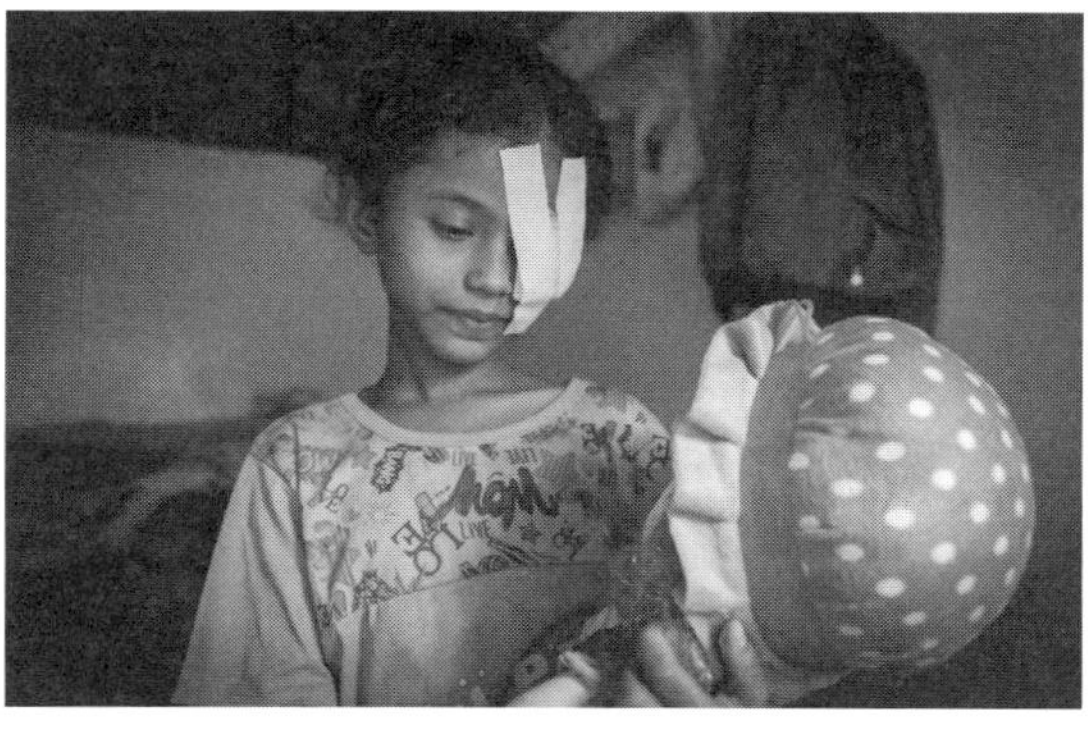

●イエメン・ホデイダに暮らすラザンさん（8歳）は、空爆によって目に重傷を負った（©Mohammed Awadh / Save the Children）

もたちが、兵士として、あるいは軍や武装勢力の身の回りの仕事などをさせるために勧誘されています。

　子どもたちは、軍や武装グループに強制的に参加させられているほか、経済的な理由で自ら参加することもあります。飢餓*や貧困のために、子どもたち自身が、毎日の食事や衣服が保障され、病気やけがの治療を受けられると考え、志願することもあるといいます。

　さらに、長引く紛争により、経済や社会の状況が厳しくなったり、教育の機会が限られてくると、より幼い子どもたちが軍や武装グループに勧誘されるようになります。また、大人の兵士が犠牲になったり、けがをしたため、大人に代わって利用されることもあります。

　軍や武装グループに加わると、少年も少女も、大人の戦闘員から身体的暴力や精神的暴力を受けます。子どもたちは、人を殺すことや、そのほかの暴力行為をするように命令されたり、戦闘に参加させられたり暴力の加害側にさせられる一方で、性暴力や搾取などのさまざまな暴力の被害にあっています。また、荷物運びや料理人、メッセンジャー、スパイなどとしても利用されます。

　こうした経験は、生涯にわたり子どもに影響を及ぼすことがあります。多く

***飢餓**：長い間十分に食べられず、栄養が足りなくなり、生きることと毎日の生活が困難な状態。

の子どもたちは、数年間にわたり教育を受けられず、またコミュニティとの社会的なつながりもほとんどない環境におかれ、人格形成の基礎が培われる大切な時期や子ども時代が奪われています。

さらに、コミュニティに戻っても、地域の人に避けられたり、スティグマ*のために社会復帰が容易ではなく、成長して大人になっても深刻な心理的影響を抱えたままとなる場合があります。

❸子どもに対する性暴力

レイプや性暴力は、紛争の時だけ起こるものではありませんが、紛争下では、戦略のひとつとして使われています。たとえば、拷問のひとつの手段として、人びとを恐怖に陥れるためなどにも使われています。

国連の報告書では2017年に、子どもに対して、確認されているだけで954件のレイプや性的関係の強要、人身売買などの性暴力が行われていたことがわかっています。

この件数は、国連が確認できた数値であって、実際はもっと多くの子どもたちが、こうした暴力の被害にあっていると考えられていますが、性暴力の被害

＊スティグマ：他者や社会がある特定の個人やグループに持つマイナスのイメージや烙印（ネガティブなレッテル）、または、そうした烙印を押されること（『人道行動における子どもの保護の最低基準』より）。

は、被害者に対するスティグマのために、実際よりはるかに少ない件数しか報告されていません。少女と女性がこうした暴力の影響を受けていますが、少年や男性も例外ではなく、性暴力にあっています。

子どもたちへの性暴力は、身体的、心理的、そして社会的に大きな影響を及ぼします。特に、成長発達段階にある子どもたちは、身体的な傷が残ることがあります。生殖器系の損傷は、失禁や不妊、生涯にわたる出血と痛みをともなうことがあり、さらに、ヒト免疫不全ウイルス（ＨＩＶ）や梅毒、淋病などの性感染症に罹患する危険が高くなります。

また、妊娠した少女は、出産時に命にかかわる合併症に苦しんだり、社会的な偏見や差別に直面します。さらに、こうした暴力にあった子どもたちは、教育の機会や生計を立てる機会、結婚の機会が制約されるか、あるいは完全に失い、さらに弱い立場におかれることもあります。

❹子どもの誘拐

紛争下で、子どもたちを含む市民の誘拐は、さまざまな目的のために行われています。国連が確認できただけでも、２０１７年には、２５５６件の子どもたちの誘拐が起こっています。誘拐された子どもたちのほとんどは、誘拐された先で、兵士への勧誘や性暴力、殺害といった、さらなる暴力に直面します。

また、紛争下で誘拐された子どもたちの多くは、自宅に戻ることはありません。幸運にして戻ることができた子どもたちも、紛争により壊滅的な被害を受けたコミュニティに戻ったところで、身体的精神的な傷から回復を支えるための適切な医療や精神保健・心理社会的支援*を受けることがなかなかできない環境におかれます。

*精神保健・心理社会的支援：8ページ参照。

❺学校や病院に対する攻撃

学校や病院は本来子どもたちが安心・安全に過ごすことができる場所ですが、紛争下では教育施設や医療施設への攻撃が起こっています。

学校への攻撃は、建物への爆撃だけでなく、学校の占領、地雷を埋める、教師や学生の命を危険にさらすなど世界的にさまざまな形で行われており、生徒や教師の命を危険にさらしています。さらに学校は、兵舎や基地、捕えた人を拘束《こうそく》しておく場所や尋問の場所として、軍事目的で利用されることが増えています。

●シリアにある破壊された学校の教室。2011年に紛争が始まってからこれまでに少なくともシリア国内にある学校4000校が攻撃され、３校に１校が爆撃や砲撃により損害を受けた。学校は、このように攻撃対象になる以外にも、避難場所や、基地や兵器の保管場所、拘束施設などの軍事目的で利用され、子どもたちは学校に通うことができなくなっている場合もある（©Ahmad Baroudi / Save the Children）

国連は、2017年の1年間に起こった学校への攻撃件数は、1432件にのぼり、シリアでは国内の学校3校に1校が、破壊されたり兵士によって占領されるといった被害を受け、イエメンでは、10校に1校が破壊されたり、損害を受けていると報告しています。

こうした状況により、シリアとイエメンで、それぞれ200万人の子どもたちが学校に通えていません。

また、人びとの避難場所として使用されるために、教室が使えなくなり学校で勉強ができなくなることや、教師を含む教育関係者が、国内のより安全な場所や国外へ避難したため、学校で勉強を教える人がいなくなり教育を続けることが難しくなることもあります。そして、開校している学校があったとしても、無差別爆撃や公共の施設を狙った攻撃の危険性があるため、保護者たちは、子どもたちを学校に通わせることをおそれます。

ここでは、主に教育施設への攻撃を紹介しましたが、住む家を追われ避難生活をしている子どもたちや、1章で紹介したヤセムさんやランドさんのように他の国で避難生活をしている子どもたちにとっても、教育を受け続けることは困難をともないます。学校に通うことができない難民の子どもたちは、難民で

***子どもの権利条約**：1989年11月20日に第44回国連総会において採択され、日本は1990年9月21日に、この条約に署名し、1994年4月22日に批准した。「児童の権利に関する条約」「児童の権利条約」という名称も使われている。

ない子どもたちの5倍もおり、また、難民の子どもの半数しか初等教育を受けていません。

子どもの権利を定めた「子どもの権利条約*」第28条には、すべての子どもたちが等しく教育を受ける権利が含まれています。それにも関わらず教育施設への攻撃や避難生活などにより、子どもたちは教育を受ける権利が保障されない状況に置かれています。

また、持続可能な開発目標*（ＳＤＧｓ）の目標4は、誰もが平等に質の高い教育を受けられるようにし、生涯にわたってあらゆる機会に学習できるようにすることを目標にしています。紛争下であっても、子どもが教育を受けられるように取り組むことが必要であり、教育を継続することは、子どもたちのレジリエンス*や日常を取り戻すためにとても重要です。

また紛争下では、病院などの医療施設や救急車、医師などの医療関係者への攻撃も増加しています。こうした攻撃は、ジュネーブ諸条約*で禁止されており、条約違反の行為ですが、２０１７年には、１０８件の病院や、医療関係者への攻撃がありました。

セーブ・ザ・チルドレンなどが調査をしたイエメンでは、２０１５年3月か

＊持続可能な開発目標（ＳＤＧｓ）：２０１５年9月25日にニューヨークで開催された国連総会「持続可能な開発に関するサミット」において採択された、２０３０年までに世界が達成を目指す17の目標。経済発展だけを目指すのではなく、誰一人取り残さずに、社会、環境、経済の3つの側面にバランスが取れた形で対応し、さまざまな問題を生み出す根本的な原因に取り組み、今の世界の「変革」を促すものになっている。精神保健、ウェルビーイングの促進も目標3に含まれている。

＊レジリエンス：個人や社会、国家などが、紛争や自然災害などの困難な状況において、それを乗り越えようとする意思や、難しい問題を前向きに対処しようとする能力のこと。

＊ジュネーブ諸条約：武力紛争が起こった時に、けがを負った人や、病気の人、捕虜、文民を保護し、武力紛争による被害をできるだけ少なくすることを目的とした一連の条約で、4条約ある。

ら2017年3月の間に、医療施設や医療従事者への攻撃が160件以上ありました。これによって国内の保健医療システムは危機的な状況に陥り、コレラ流行の一因にもなっています。

こうして医療施設への攻撃は、国や地域の保健医療システムへ長期的な影響を与え、感染性の病気が流行したり、紛争が無い時は通常ワクチン接種により感染が抑えられているポリオやジフテリアといった病気の流行につながる恐れがあります。

さらに病院への攻撃により、けがをした人や病気の人の診療が行えなくなるだけでなく、病気やけがをしても、攻撃にあうのではないかとの恐怖心のため病院から足が遠のいてしまいます。

❻子どもたちに人道支援を届けることができない

支援を必要としている人びとへ支援を届ける活動を阻止することや、支援スタッフの誘拐や攻撃、支援物資などを運搬する列車への攻撃などが増加傾向にあります。

国連は2017年に1500件の人道支援を届けることができない事態が起

●2019年3月26日午前9時30分（現地時間）、セーブ・ザ・チルドレンが支援するキタフ病院が空爆され、子ども5人を含む8人が死亡した。この病院は、イエメン北西部サアダ県の県都から100km離れた場所にあり、病院の入り口からわずか50m離れたガソリンスタンドにミサイルが着弾した。（©Save the Children）

こっていることを明らかにしています。たとえば、これまでに、都市一帯が誰も立ち入ることができない場所になった地域がありました。こうした地域に支援物資を届けようとしても、その地域を包囲している勢力の許可がおりないために、支援物資を届けることがとても難しくなることがあります。

こうした状況下で、子どもたちとその家族は、食料や医薬品といった必要な物を手に入れることが簡単にできなくなり、飢餓*や病気により命が危険にさらされています。また、人道支援が届かない場合、障害のある子どもたちとその家族や、保護者や大人の付き添い無く子どもだけで避難してきた子どもたちも、必要な支援を得ることがさらに困難になります。

子どもへの暴力がもたらす精神保健・心理社会的な影響

紛争は、子どもの身体や精神、情緒の発達に深刻な影響を及ぼしますが、長引く紛争によって、子どもたちが受ける精神的・情緒的影響、つまり心理社会的影響は、あまり知られていません。紛争によって親や親族といった家族を失うことは、子どもたちの心に長く影響を与えることがあります。また、どの国

●イラク・モスル西部で、セーブ・ザ・チルドレンのスタッフから毛布や、ポリタンク、料理器具、衛生用品を受け取る人たち
(©Ahmad Baroudi / Save the Children)

*飢餓：37ページ参照。

でも子ども時代は、成長や発達に大切な時期ですが、紛争が、特に長期化すればするほど、子どもたちは、本来子どもが経験すべきでないような状況を経験します。

紛争を経験した子どもたちが見せる症状は、どんな出来事をどれくらい経験したのかや、年齢、性別、気質、文化的背景などによって異なります。ストレスに苦しむ子どもたちがよく経験するストレス反応には、攻撃的になったり、うつ病、* 不安障害、* 発達の遅れ、親しんだ人や場所から離れる不安に襲われたり、不眠、悪夢、食欲不振、引きこもりがちになる、遊びや学びへの興味を失う、学ぶことが難しくなるといったものがあります。

さらに、家庭環境の変化により、家族の生活を支えなくてはならないことや、これまで人生の手本として考えていた親や大人を失くす経験から、自分自身の将来に対して悲観的になる子どもたちもいます。

失われた世代としないために

紛争下にいる子どもたちは、人生において、育ち、学び、遊ぶために安全に

＊**うつ病**：精神的ストレスや身体的ストレスが重なることなど、さまざまな理由から脳の機能障害が起きている状態（厚生労働省）。

＊**不安障害**：精神的な不安から、心と体にさまざまな不快な変化が起きること（厚生労働省）。

過ごせるべきである子ども時代が奪われている状態にあります。

私たちは、紛争下の子どもたちや紛争の影響を受けた子どもたちを支援するため、子どもの保護*や教育支援、保健・栄養支援、衛生支援、食料や物資の配布など、さまざまな活動を行っています。

こうした支援活動は、セーブ・ザ・チルドレンが単独で行うほかに、その国や地域で活動している支援団体*（パートナー団体）と一緒に行うこともあります。

避難の際、多くの人たちは、自宅にたくさんの大切なものがあったとしても、急な攻撃などで短時間に逃げ出すため、わずかな持ち物しか持ってこられないことが多くあります。こうした状況にある人たちに、シェルター（テントや避難する場所）や調理器具セット、衛生用品（せっけん、おむつ、バケツなど）、水の浄化タブレット、防水シートなどの生活に必要な物資を届けたり、食料を提供しています。

避難した場所に、上下水道の設備や、電力、ガスなどのインフラ、病院施設などが整備されているとは限りません。戦闘や空爆により、それらの設備が破壊された地域もあります。これらの場所では、病気から子どもたちとその家族

＊子どもの保護：第4章参照。

＊支援団体：その国や地域で活動している、NGOなどの支援組織。

●人びとに届けられる物資（©Save the Children）

を守るために、トイレや給水所の設置、安全な水を届ける支援や、保健医療施設運営の支援、栄養治療センターの開設などを行っています。そのほかにも、混乱の中で保護者や大人と離ればなれになった子どもたちの家族を探し出し再会できるようにする支援なども行っています。

さらに、避難場所の建物や難民キャンプに設置した仮設の建物やテントを使って子どもたちが安心・安全に過ごすことができる「こどもひろば」を開設しています。「こどもひろば」では、安全な居場所を提供し、友達と交流したり、遊んだり、歌や踊り、芸術、読み聞かせ、お芝居、共同スポーツなどのレクリエーション活動や学習などをします。この活動は、紛争下の地域だけでなく、地震やハリケーンなどの自然災害の被害にあった地域でも行っています。

すべての子どもたちには教育を受ける権利があり、紛争下であっても、避難先でも、子どもたちが教育を受け続けることは子どもの発達や将来の子どもたちの生活、国の将来にとっても重要なことです。

しかし、紛争や避難生活の中で勉強を続けることは簡単なことではありません。また、紛争や避難生活が長引けば長引くほど、家計を支えるプレッシャーや、長期間学校に通えなかったために生じた勉強の遅れを取り戻すことができずに苦しむ子どもたちもたくさんいます。

私たちは、子どもたちが勉強を続けられるよう避難先のキャンプなど、さまざまな場所で学習できる機会を提供しています。

すべての子どもたちには、生きる権利、十分な食事や栄養、保健や住居を享受する権利、学校教育と学校外の家庭や遊びの場での「学び」を受ける権利があります。そして、おびえることなく暮らし、暴力から守られる権利があります。また、子どもたちの精神保健・心理社会的ウェルビーイング*を守ることも大切です。そのためには、支援の中で、精神保健・心理社会的支援の視点を忘れないことが重要です。

***ウェルビーイング**：心地よく心身のバランスがとれた感覚のこと。

●イラク・モスル旧市街のようす。学校から自宅に帰る途中の子どもたち。戦闘により家屋や建物はがれきと化し、水道や電気といったインフラも完全に復旧していない。イラクでは、3人に1人の子どもが人道支援を必要としていると考えられている（©Sam Tarling / Save the Children）

第3章

見えない傷

——紛争は子どもたちのメンタルヘルスにどんな影響を与えたか

〈紛争にまきこまれたり、避難民となり精神的重圧に押しつぶされ、疲れ果てている子もいた。歌うこともなく、笑うこともない。描く絵は、殺される子ども、戦車、包囲戦、不足する食料だ。〉

これはシリアやイラクで避難を余儀なくされた子どもたちを対象に、セーブ・ザ・チルドレンがメンタルヘルス*の調査プロジェクトで聞き取りをした人たちの多くが感じたことです。

この章は2017年にまとめられた報告書『見えない傷――6年間の紛争が、シリアの子どもたちのメンタルヘルスに及ぼす影響』と『耐え難い現実――紛争や避難がイラクの子どもたちのメンタルヘルスに与える影響』から、プロジェクトに携わった著者が話をした子どもたちやその家族が紛争によってどのような影響を受けたか、そしてセーブ・ザ・チルドレンの活動をまとめたものです。

シリアとイラクの子どもたち

もう7年以上もの間、シリアの子どもたちは、紛争の中で生活をしていま

*メンタルヘルス：世界保健機関（WHO）ではメンタルヘルスを「人が自身の能力を発揮し、日常生活におけるストレスに対処でき、生産的に働くことができ、かつ地域に貢献できるような満たされた状態（a state of well-being）である」と定義している。本書では精神保健医療だけを指すものではなくより広義に捉える。

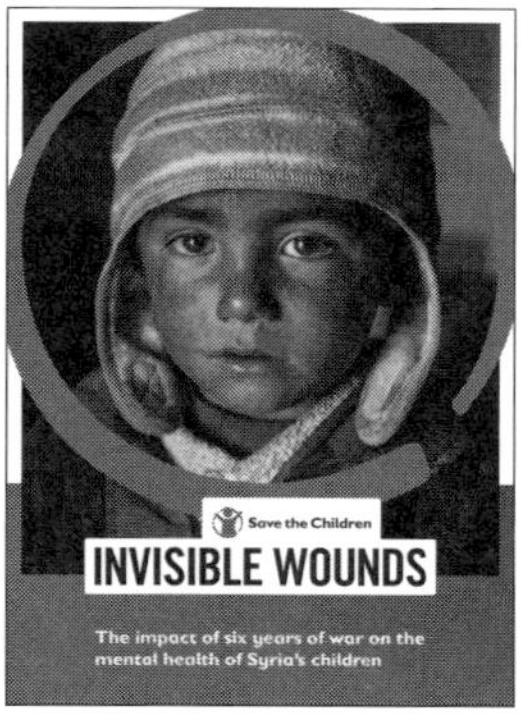

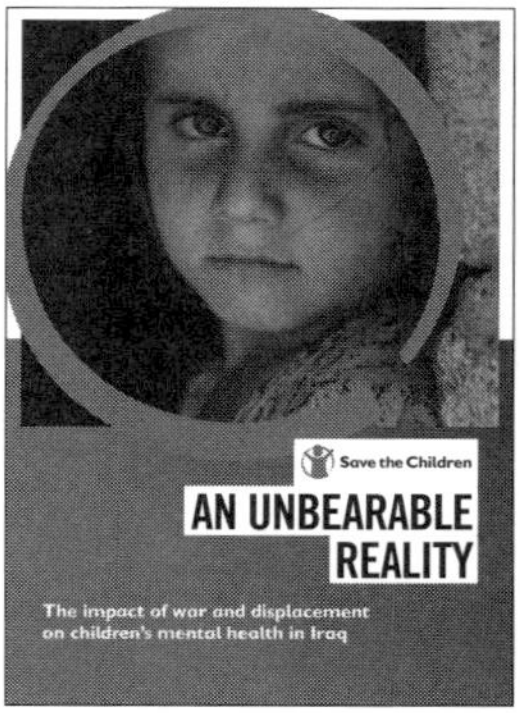

●『見えない傷』（右）と『耐え難い現実』

す。友人や家族が亡くなり、自分の家が瓦礫《がれき》と化し、学校や病院が破壊されるのを目撃しています。食料や薬がなく、戦火から逃げ惑う中で、家族や友だちと離ればなれになった人たちもいます。

国連機関の報告によれば、シリアに暮らす3分の1の子どもたち、およそ370万人の子どもたちが紛争の始まった後に生まれ、ずっと暴力や恐怖にさらされ続けています。

イラクでは、過激派組織「ISIS」*の支配地域が広がったことにより紛争が増加した2014年以来、多くの人たちの暮らしは、激変しました。300万人以上の人たちが他国に避難したり、自国を転々とする避難生活をしています。その上、数百万人もの人たちが、過激派組織の支配下で恐怖と苦しい生活に耐えています。

それぞれ状況は異なりますが、シリアとイラクの子どもたちは、暴力や死、過酷な欠乏に耐え、そして、そのような体験は精神的苦痛を与え、中にはうつ病*や不安、心的外傷（トラウマ）*を経験する子どもたちもいます。これらはウェルビーイング*に影響を与え、中には長期に渡って続き、彼らの未来だけではなく次世代へも大きな影響を与えることもあります。

*第3章にでてくる数値は、2016年時点のデータをもとにしています。

***ISIS**：中東のシリアやイラクを拠点とするイスラム過激派組織。

***うつ病**：46ページ参照。

***心的外傷（トラウマ）**：自然災害や戦争、交通事故、誘拐、監禁、性的虐待などで被害を受けたり、身近な人の死を目の当たりにするといった体験をすると、人間は強烈なショックを受けることがある。多くの場合、時とともに自然に回復するが、長期にわたって影響がある場合で訓練を受けた専門家の診断の結果、一定の条件を満たす場合、外傷後ストレス障害という。

***ウェルビーイング**：49ページ参照。

子どもたちへの調査方法

調査は、暴力や紛争に関連した経験が子どもたちのメンタルヘルスにどのような影響を与え、そしてどのような心理社会的ニーズがあるのかを知るために行われました。

私たちは、シリアとイラクで行った調査で聞き取り対象になった子どもたちやその家族の安全とウェルビーイング*を何よりも大切にしたいと考えました。具体的には、子どもたちのウェルビーイングを支え、そして、精神保健・心理社会的支援*を提供する中で情報を収集することで、精神的苦痛がなく、安心して正直な気持ちや体験を話せるように心を配りました。これを私たちは「心理社会的なメガネ」を使って仕事をする、と表現しています。

子どもたちが忘れられないほどの衝撃的な体験や状況について、子どもたちが話をしたい場合、私たちスタッフに安心して話せるようにするため、聞き取りにあたったスタッフは、ボディランゲージの活用、適切な声のトーンでの会話法、言葉によるコミュニケーションと非言語コミュニケーションの技術を

***ウェルビーイング**：49ページ参照。

***精神保健・心理社会的支援**：8ページ参照。

使って、子どもたちを安心させる方法で子どもたちが動揺したり、怒り出してもしっかり受けとめる準備をしました。

そして、話を聞く時は、「こどもひろば*」のような子どもたちが比較的安全と感じる落ち着く場所を用意することや、国内避難民キャンプに暮らす子どもの場合は、家族がいる家やテントで行いました。

シリアの調査でわかったこと

14県のうちの7県（アレッポ、ダマスカス、ダラア、ハサカ、ホムス、イドリブ、リーフ・ダマスカス）に住む458人の子どもたちを対象に行われたこの調査は、子どものメンタルヘルスとウェルビーイングについてのもっとも大規模で、包括的なものになりました。調査の過程で、シリア周辺国に活動拠点を置く心理学者や医師、教員、ファシリテーターとも話しました。

シリアの調査で明らかになったことは、以下の4項目です。

***こどもひろば**：難民キャンプや避難所で、子どもたちが遊んだり、友達と過ごしたり、学習などができる安心・安全な空間。「こどもひろば」の目的は、危機的状況下で子どもが遊びや学びなどを通じて日常に近い生活を取り戻し、子どもの安定をサポートすることにある。世界の人道支援の現場で、セーブ・ザ・チルドレンをはじめ、多くの支援団体がこの活動に取り組んでいる。

❶悪夢のような生活

子どもたちが話してくれた中で、圧倒的に多かった恐怖の原因は、爆撃、砲撃、安全でないという強い気持ちでした。調査をしたほとんどすべての子どもたちと、84％の親がこのように話していました。

また、叫び声や怒鳴り声、爆撃がなかったとしても上空を飛んでいる飛行機の音は、子どもたちの恐怖心を引き起こすには十分なきっかけになりえます。インタビューをしているスタッフも、子どもと話をしている最中に、スタッフもこれを目の当たりにしました。子どもたちの中には、飛行機が飛んでいる音を聞くと、あまりの恐怖に話を続けることができない子もいたのです。

子どもたちがこうした状況になった時、話を聞くことを延期し、新たに日程を組み直すことにしました。また、話を中断し、「一緒に落ち着こう」と促したり、周囲でしている騒音について説明をしたりしました。他にも、シリア北部で5～7歳の子どもたちといた時、風が吹き荒れて扉がバタンと閉まると、一部の子どもたちは、爆撃が起こったと思い、恐怖で叫び出しました。

「ぼくは飛行機が嫌いだ！　だって、お父さんのことを殺したんだから!!」

アレッポに暮らす幼い少年は、徐々に声を荒げながら、このように3回叫びました。

●アーメッド（イドリブのスタッフ）

子どもは長い時間ストレスを感じ、不安の中にいます。私たちは調査を通して、シリアの子どもたちは他の子どもたちとは違っていることに気が付きました。彼らはストレス状態にあります。いすが動いたり、扉が閉まったりちょっとした物音がしたりしたらどんなものでも、過敏に反応します。これは飛行機やロケット、紛争の音による恐怖の結果と思われます。

恐怖心だけでなく、子どもたちは、爆撃や空爆によって学校に行けないこと、友だちや家族が殺されたことなど、空爆の影響による怒りや悲しみなどについても話してくれました。子どもたちの3人に2人は愛する人を亡くしたり、家が爆撃されたり、けがに苦しんでいると考えられます。私たちが話をした子どもの半数は、たびたび、あるいは絶え間なく苦しみや深い悲しみを感じると話しており、少なくとも子どもたちの78%は、時々このような気持ちにな

子どもたちがどんなことによって、恐怖、悲しみ、怒り、うれしさ、混乱の気持ちを感じるか

私はいつも怒りを感じています。いつもです

アバウドさん
（イドリブ）

教育が受けられないこと、将来の絵が描けない状況を本当に悲しく思います

ハヤさん
（アレッポ郊外）

戦闘機の爆撃が私たちを狙うので、学校に行くのが怖いです

リハブさん
（アレッポ郊外）

両親を失ったので、祝日や休暇の時に、両親がいなくて悲しい気持ちになります。みんな死んでいったので、私は一人ぼっちです

ゼイナさん
（アレッポ郊外）

空襲の音がなかったり、見当たらなかったりしたら、私はむしろ混乱するでしょう。それほど頻繁に起こっているのです

アラーさん
（東グータ）

私は怒っています。近所の子どもは爆撃にあって、けがをして、入院しているからです

カーレドさん
（イドリブ）

ると話しています。

❷破壊された教育

教育の機会が無くなることは、子どもの日常にもっとも影響を及ぼす原因のひとつです。紛争が始まって以来、シリアでは、学校への攻撃が４０００回以上あり、これは、およそ一日に2回の攻撃があったことに相当します。

話を聞いた12～14歳の子どもたちは、学校が爆撃されて学校に行けなくなった時に一番悲しみや怒りを感じると話しました。学校に行くことができている子どもたちでさえ、その半数の子どもたちは学校にいる時に、安心だと感じることは、ほとんどない、あるいはまったくないと言います。

私たちは、15～17歳の子どもたちに「どんなものがあったら、気が楽になったり、幸せに、安全に感じられるか」と尋ねました。一番多かった回答のひとつは、将来があると感じられたり、目標を達成できること、通える学校があることでした。平和や安心感、教育なしには、自分の幸せな未来を想像することができないのです。

❸子ども時代の終わり

学校や教育の機会がなくなり、また２０１１年3月から続くシリアの紛争で経済問題が悪化したため、調査した85％の人たちが貧困状態に陥っています。

あまりに貧しいため、子どもたちの中には、生き残るために、危険で有害な労働や、児童婚、武装集団に参加するといった危険な選択をするほか、あまり道が残されていない子どももいます。

●タマラ（イドリブで活動する人道支援スタッフ）

検問所で、15歳以下の子どもたちが銃を持ち、武装集団の仲間になっているのを見ます。働いている子どもたちもいます。8歳に満たない少年が母親と幼いきょうだいの生活のために車の掃除をする仕事をしていました。このような例はたくさんあります。市場に行くと、子どもたちが小さな店を出し、地面に商品を並べているのを見かけます。多くの子どもたちが働かなくてはならない状況にあります。

セーブ・ザ・チルドレンが調査の中で話した大人たちからは、学校に通えな

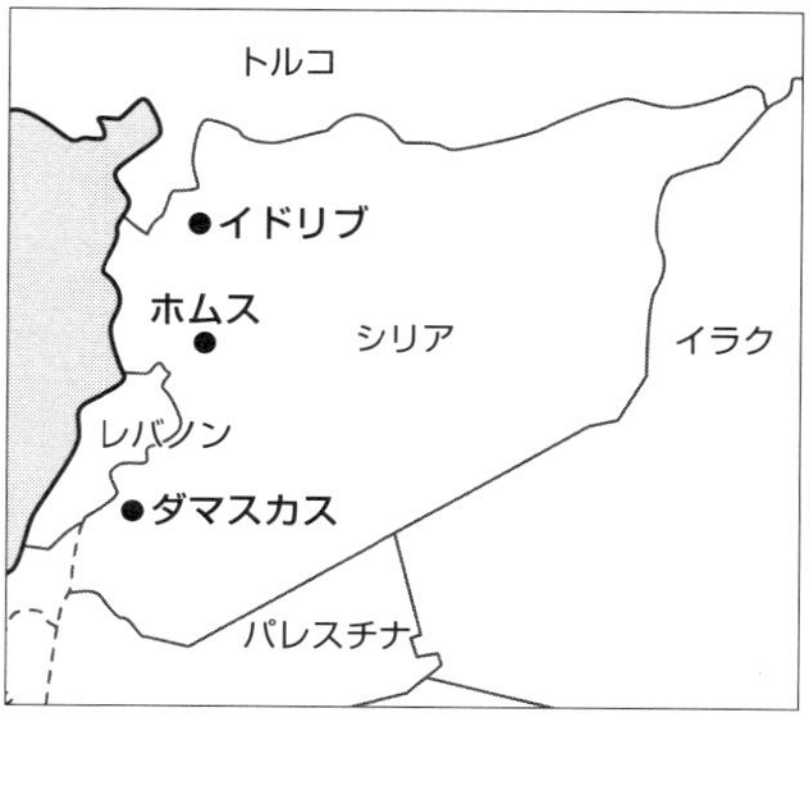

●イドリブとホムス

くなって店や自動車修理工場で働いている子どもや、臨時雇い労働者として働いている子ども、路上や訪問販売で物を売って生活している子どもたちについて聞きました。多くの場合、こうした子どもたちは、とても貧しい生活を余儀なくされている家庭出身か、紛争で両親のどちらかを失った子どもです。

●ナディアさん（ホムスの住人）

ある15歳の少年は、家族全員を失ってしまい、一人で暮らしていました。自分の家から持って来た家具を売ったり、盗みをしながら生活しています。

また、少女たちの早すぎる結婚は、さまざまな地域で、ますますよく見られるようになってきています。自分の娘たちを養うことができない親たちは、裕福な家庭に嫁がせることが、自分たちがしてあげられる最善で、唯一の方法だと考えています。

他にも、結婚した娘の方が、より安全で、性暴力から守られる、と考えている親もいます。それ以外にもさまざまな理由で、18歳以下の少女たちが大人から結婚をすすめられています。

●ヨウスラ（心理士。シリア南部でクリニックを運営している団体に所属）

ある現地スタッフは、イドリブでは17歳までに結婚しなければ、遅すぎると考えられていると言っていました。このような少女たちが学校に戻ることはまずありません。また、多くの少女は、紛争による攻撃や、貧困によるストレスによって苦しみ、さらに、10代のうちに結婚を強制されることにも苦しんでいます。

❹家族の離散

特に思春期の子どもたちが、もっとも辛いのは、暴力によって自分の大切な人と引き離されてしまったと感じる時だと話してくれました。多くの子どもたちは、家族や友たちが殺されることだけでなく、逮捕されたり拘束されたりすることを恐れています。紛争が始まって以来、数万人もの人たちが行方不明になっています。

●アーメッドさん
故郷で起こった暴力から避難して来た。現在は、廃墟となったガソリンスタンドに、家族14人と住んでいる
（©Save the Children）

準備する間もなく避難を余儀なくされる中で、家族が離ればなれになってしまうことを怖れている子どもたちもいます。シリア国内では、現在、少なくとも630万人が避難を強いられています。2016年には、6000人以上が毎日新たに避難をしていました。

●ムニールさん（イドリブに避難してきた父親）

子どもたちは砲撃や避難によって家を失い、育った地域を離れなければならない状況におかれています。慣れ親しんだところから離れ、見知らぬ新しい環境へ移ったことで、子どもたちは不安になったりびくびくしたりしていました。

このように家族を亡くしたり、日常生活が失われることによって、子どもたちのうつ病や不安の割合は高くなる可能性があります*。親から引き離されることは、特に幼い子どもたちにとっては、もっとも大きな紛争の精神的苦痛のひとつとなりえます。家族の存在や子どもたちが育つ環境、そして子どもたちへの支援が重要です。

* Santa Barbara J. (2006). Impact of war on children and imperative to end war. Croatian medical journal. 47 (6), 891-4. https://www.ncbi.nlm.nih.gov/pmc/articles/PMC2080482/

シリアでは、大勢の人びとが犠牲になり、数えきれないほどの親を失った子どもたちが残されました。77%の大人は、両親のうちのどちらか、あるいは2人とも亡くした子どもを知っており、そのような子どもたちの大半は、祖父母や、おじおばに引き取られていると話しています。さらに、18%の大人は、コミュニティや、行政からわずかな支援を受けながら、1人で生活している子どもを知っていると答えました。多くの子どもたちは、農場や店で働いたり、路上で盗みや、通行人からお金を得たり、武装集団に入ったりしなければ生きていけない境遇におかれているのです。

イラクの調査でわかったこと

イラクでの調査はモスル西部の奪還作戦から逃れてきた家族が避難するガルマワ・キャンプと、ウォー・シティ、ハマム・アル・アリルキャンプ（下の地図参照）で、紛争の影響を受けたり、避難を強いられた１０２５人の子どもたちを対象に行われました。

トルコ
ラッカ
モスル
シリア
イラク
イラン
バグダッド
サウジアラビア

イラク・モスル

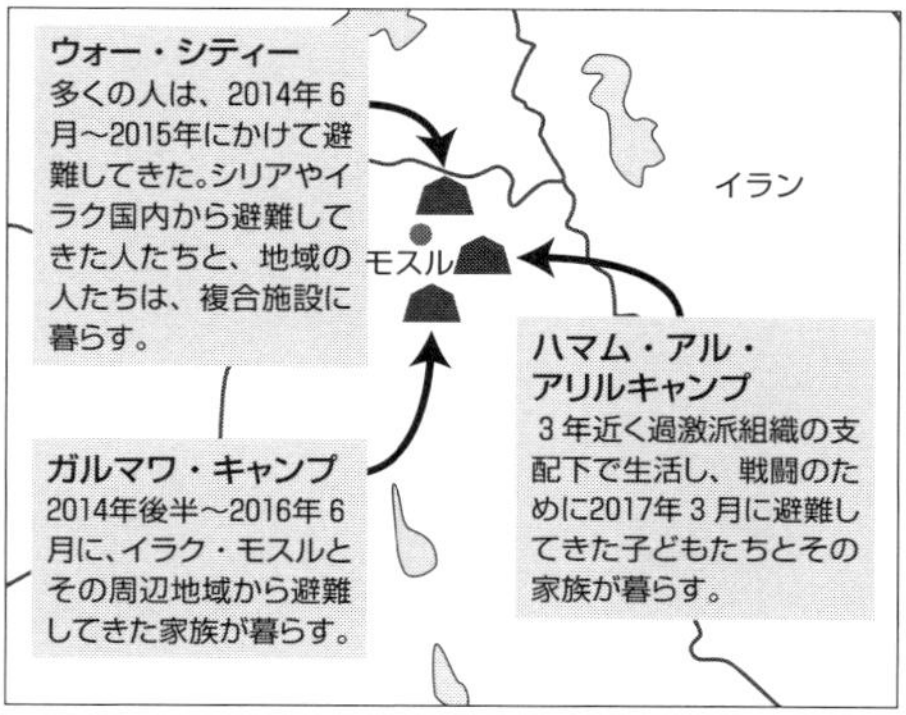
ウォー・シティー
多くの人は、2014年6月～2015年にかけて避難してきた。シリアやイラク国内から避難してきた人たちと、地域の人たちは、複合施設に暮らす。
イラン
モスル
ハマム・アル・アリルキャンプ
3年近く過激派組織の支配下で生活し、戦闘のために2017年3月に避難してきた子どもたちとその家族が暮らす。
ガルマワ・キャンプ
2014年後半～2016年6月に、イラク・モスルとその周辺地域から避難してきた家族が暮らす。

イラクにある3カ所の難民キャンプ

最長3年間もの間、過激派組織の支配下にあるモスルで生活をした後、ハマム・アル・アリルキャンプに避難してきたばかりの子どもたちと話をする前に、私たちは、避難してきたばかりの多くの人たちの証言から、子どもたちにとって過激派組織の支配下での生活は、身体的・精神的暴力や喪失、恐怖に満ちたものであったことを知ることができました。

この3年間の生活で、子どもたちが目撃した暴力は、一部の子どもたちの間で、精神的苦痛の原因となっています。私たちとの話の中でも、過激派組織による残虐な行為がよく出ました。

13～15歳の子どもたちの78％は、自分たちが目撃し体験したことは、いまだにショックだと言います。毎日、繰り返し、暴力行為を目撃することによって、子どもたちは絶え間ない恐怖を感じながら生活してきました。

「ＩＳＩＳ*の写真」や「モンスターが出てくる夢」が、いまだに怖いと10歳～12歳の子どもたちが話していたように、過激な暴力は、子どもたちに長期にわたる影響を及ぼすことがあり、くわえて、子どもたちは、過激派組織からの処罰という絶え間ない脅威の中、暮らしています。

イラクの調査でわかったことは、以下の5項目です。

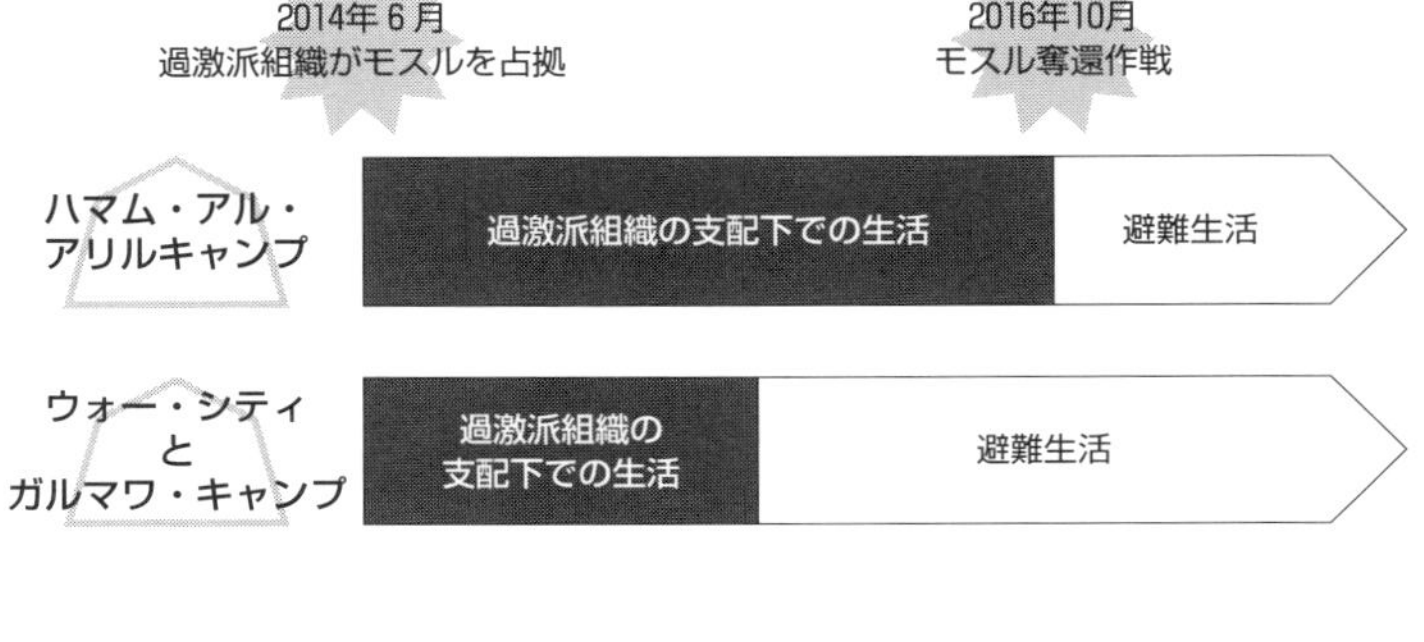

*ＩＳＩＳ：53ページ参照。

❶悲惨な脱出

武装勢力と過激派組織との間の戦闘から逃げる中で、子どもは精神的苦痛となるようなできごとをたくさん目撃し、体験しています。都市や町から逃げられても、ロケットや空爆のイメージは鮮明に残ったままの子どももいます。このようなイメージが子どもの記憶に強く残ると、夢に出たり、同じようなことが起こった時に子どもたちはとても動揺します。

❷未だに安全が感じられない

ハマム・アル・アリルキャンプという比較的安全な場所に到着したにも関わらず、多くの子どもたちは年齢を問わず、依然としてキャンプ内で、身体的・精神的暴力を体験し続け、安全でないと感じ続けています。

このキャンプ内での多くの子どもたちは、テントの外にある正体不明の「もの」や「人」に怯《おび》え、屋外に出たり、遊んだりすることを怖れていました。安全でないと感じるのは、実際にキャンプ内に脅威があるからなのか判断することは難しいのですが、子どもたちの内側にある精神的苦痛となる経験の記憶

●イラク・モスル西部からハマム・アル・アリルキャンプに避難しているマナールさん（10歳）（©Dario Bosio / DARST / Save the Children）

●リナさん（右、5歳）の両親は、まだ、ハウィジャにある自宅にいる。両親は、兄のユサフさん（7歳）が、学校に行けるように、おじと一緒に自宅から避難させたが、自宅に残ったリナさんは裏切られたと感じ、深く落ち込んだ。そして、間もなくして、いとこやその家族も去って行ってしまい、一人だけ置いていかれたと感じた。
家族はリナさんをおじのところへ行かせることができたが、リナさんはなかなか立ち直れず、おじの家に来て以来泣き続け、おじとおばの間でしか眠ることができなくなった。他の子どもたちと遊んだり、テントの外に出ることすらしなかった。彼女の状態は、セーブ・ザ・チルドレンのケースマネジメント（84ページ参照）チームがキャンプで支援を開始してから改善し始めた（©Dario Bosio / Save the Children）

や、そのことによる悪夢は、日中であっても、一部の子どもたちに絶えずつきまとうほど鮮明です。

●イルハムさん（ハマム・アル・アリルキャンプ、12〜14歳）の証言

自分がここにいることが信じられず、ここに来てからも安全だとは感じません。ＩＳＩＳから離れられたとも思えません。

❸終わりのない悪夢

悪夢は、思春期の子どもたちの話に繰り返し出てきます。78％の少女たちは、「頻繁に悪夢に苦しめられる、眠れない」と話していました。このような少女たちの中には、目にした空爆を過去のものとしてやり過ごすことができないだけでなく、夢で見ることで暴力や破壊、けがを負った人、死体などの紛争の場面を再び体験し続けている子どもたちもいるのです。

●イマンさん（ハマム・アル・アリルキャンプ、10〜15歳）の証言

モスルにあるすべてのもの、家や学校や人びとが、破壊されている悪

●ハマム・アル・アリルキャンプ
（©Mark Kaye / Save the Children）

夢を見ます。

❹避難中の子どもたち

ウォー・シティとガルマワ・キャンプに住む家族は、過激派組織や残虐行為から逃れ、安全な場所を求めて、着の身着のままで、モスルやその周辺地域から避難してきました。

2014年後半に避難した子どもたちやその家族は、夜の闇に身を隠し、やっとのことで逃げることができました。家を失い、どこに行ったらいいのかわからないまま、近隣の村やキャンプを転々とした後、やっとのことで避難民キャンプや、都心部でわずかな住居とサービスを提供している地域に定住しました。

●アブダルアジムさん（ガルマワ・キャンプ、16歳の孫を持つ祖父）

ここに到着した時の状況は悲惨《ひさん》なものでした。トイレやシャワーなど基本的な水回りの設備は全くなく、地べたにじかに建てられた古びたテントだけ。もちろん電気もなく、学校も病院もありませんでした。ここでの生活があとどれくらい続くのか、家に帰れるのか、家に置いてきたものは無事なのかなど、何ひとつわからない、ひどい状況にありました。

❺希望を失った子どもたち

私たちは、避難から1年以上が経った、32人の子どもたちの話を聞きましたが、すでに絶望感が広がっていました。ほとんどが、「国内避難民としてイラクで生活することに希望を見出せない」と言いました。孤立や不安、精神的苦痛、教育を長い間受けられないこと、危険が増しているといったことだけでなく、子どもたちの心には、絶望や、不公平だという気持ちがありました。

こうした子どもたちの状況を理解するために、避難先の状況を2つに分けて説明します。

(1)ガルマワ・キャンプ

ガルマワ・キャンプには、2014年6月から子どもたちとその家族がモスルと周辺地域から避難してきています。

十分な居住スペースが慢性的に不足していることによって、子どもたちは、1つのテントを最大3家族で共有しなければならなかったり、地面にじかに寝

●ガルマワ・キャンプ
(©Alun McDonald / Save the Children)

たり、全くプライバシーがない環境で、過酷な生活を送ってきました。

セーブ・ザ・チルドレンと一緒に活動する団体のスタッフは、子ども同士でけんかをしたり、泣いたり、怯《おび》えたり、また、特に聞き慣れない騒音がした時に恐怖を示した子をよく見かけました。また、キャンプでの生活や閉そく感へのフラストレーションといった、子どもたちの精神的苦痛についても話の中でわかりました。

子どもたちは学校の登下校の途中や、家で、日常的に暴力にさらされています。たとえば、学校では、教員から指導として身体的な罰を受けたり、登校途中に他の人からいじめを受けたり、家庭内でも親の精神的苦痛などから家庭内暴力が増えていることがわかっています。

(2)ウォー・シティ

2014年6月、モスルから避難してきた最初の家族がこの場所に到着した時、ウォー・シティでは未完成の建物ばかりで劣悪な環境でしたが、年々状況は改善され、避難してきた子どもたちは、水や電気など日常生活に必要なサービスを以前より利用できるようになっています。

シリアとイラクの子どもたちへの支援

●安全な場所

イラク北部やシリアでセーブ・ザ・チルドレンは、「こどもひろば」を運営しています。「こどもひろば」は、安心・安全な環境の中、子どもが自分自身のままでいられて、自分の世界をつくり、その中で自分を表現できるような空間です。

子どものニーズや興味に合わせたいろいろな活動をしたり、スタッフは、子どもと一緒に活動することによって、新しい活動やプログラムを開発していきます。子どもたちからの希望を受けて、裁縫クラス、英語クラス、クルド語クラスが新たにできました。子どもたちと一緒に活動をつくっていくことで、子どもは、先が見えない状況でも、オーナーシップ*を持てるようになったり、自信をつけることができます。

また、スタッフは、「柔軟なプログラム」という、子どもたちがキャンプでの新しい環境に適応したり、変化に対応し、友だちをつくることができるよう

●「こどもひろば」のようす（©Dario Bosio / DARST / Save the Children）

に支援するためのプログラムをつくりました。このプログラムのひとつであるリラクゼーション*と呼吸のワーク*は、安全な空間で、子どもが心を開いて気持ちや心配事を共有したい時に、そうできることにも役立ちます。

●芸術と社会活動プログラム

芸術や同世代の子どもたちが一緒に遊んだり、活動することは、深刻で慢性的なストレスを抱えた子どもたちが、日常を取り戻したり、楽しんだりするのに重要な役割を果たすことがあります。

セーブ・ザ・チルドレンのシリアにおける芸術と社会活動プログラムでは、希望する子どもたちが、絵を描いたり、演劇や音楽などの芸術活動を楽しめるようにしました。

このような場は、子どもの孤立感を減らしたり、友人とのつながりを感じたり、人生において信頼できる大人の中でより安全を感じるための助けとなりえます。

子どもたちは、より自信を持ったり、安心・安全を感じることができ、その結果、日常のストレスにさらに対処するスキルを身につけられるようになるこ

＊**オーナーシップ**：自分自身が責任をもって進めていくこと。

＊**リラクゼーション**：落ち着いた音楽を聞きながら、子どもたちは目を閉じて、信頼できる人と一緒に、好きな場所にいるようすを思い浮かべる。自分が安全で幸せでいることをイメージして、嫌な気持ちになったり怒った時にはこの場所に来られるように練習していく。

＊**呼吸のワーク**：落ち着いた音楽を聞きながら、子どもたちは、自分の手や、小さくて柔らかいおもちゃをおなかに乗せて、息を吸いながら４つ数え、手やおもちゃがお腹に押されて動くのを感じる。このワークでは、子どもたちはゆっくりと落ち着いてより深く呼吸し、心と体をリラックスさせることができる。

ともあるでしょう。このような精神保健・心理社会的支援は、子どもが子どもとしての時間を過ごすために大切な支援です。

●アスマ（シリア南部、セーブ・ザ・チルドレンのパートナー団体で活動するスタッフ）

私たちは、親を亡くした子ども、早すぎる結婚や児童労働、武装集団へ勧誘される危険のある子どもを優先しています。最初、子どもたちはさまざまなようすを見せます。静かに黙っていたり、極端に活発な子もいます。

私たちは、このような子どもを対象に絵の具を手の平に付けて手形をつくる体験をさせたりもしました。とても感覚的で活動的で、子どもたち同士が関り合い、そして、お互いが人間としてのつながりを感じることができたという声がありました。また、凧や風船に自分の夢を書き、空に飛ばしたりした子もいます。多くの子どもたちは、医師や教員になる夢を持っています。次第に、大きな進歩が見られてきます。それぞれの子どもの個性が伸びてきて、悪夢や過去について考える代わりに、自分の未来を描けるようになっていきます。

未来への希望

子どもたちは通常ではありえないような精神的苦痛に直面していますが、まだ希望も持っています。シリアとイラクにおける調査の結果から、紛争が子どもたちの日常に深刻な影響を及ぼしていることだけでなく、さまざまな場面で、子どもたちがレジリエンス*を発揮し、乗り越えようとする姿勢も明らかになりました。

私たちが話した子どものほとんどは、完全に引きこもることもなく、暴力について「麻痺《まひ》」することもなく、さまざまな感情を表現したり、友人や家族と話すことができます。この調査に携わったメンタルヘルスの専門家たちは、子どもたちには、たくさんの希望が残っていると話しています。子どもたちは、学校に戻って、再び教育を受けることをとても強く望んでいて、それは、未来への希望を示しています。

***レジリエンス**：43ページ参照。

調査結果からは、まだ手遅れということはなく、シリアの子どもたちは、適切な社会資源があれば、必要な支援を受けてさまざまな経験を自分自身で乗り越え、自らの国のより良い未来を築いていけることがわかっています。

支援と安心・安全な環境があれば、強い精神的苦痛を体験した子どもたちは回復することができるのです。セーブ・ザ・チルドレンは、引き続き、子どもたちの支援を続け、子どもたちが健康で幸せで、積極的に社会と関わりを持つ大人になり、未来に輝いていけるよう支援します。

謝　辞

本書第3章は、2017年にセーブ・ザ・チルドレンが発表した2つの報告書を基に執筆しました。報告書は、ミスティ・ブッシュウェル氏とシミン・アラン氏の協力のもと、アラン・マクドナルド氏、ユスラ・セマッシュ氏、エリーン・マッカーシー氏によって書かれました。これら執筆に関わった人たちは、セーブ・ザ・チルドレンのスタッフです。

報告書および本章は、シリアとイラクの子どもたちとその家族の声を基に書かれています。セーブ・ザ・チルドレンは、調査に参加した1,483人の子ども、青少年、大人、そして、調査を行った地域の献身的なスタッフ、コミュニティ、個人、人道支援団体*に心から感謝しています。彼らの支援なしに、調査を実施し、報告書を完成することはできませんでした。

*ヴァイオレット(Violet)、シャファック(Shafak)、オリーブ・ブランチ(Olive Branch)、シリア・リリーフ(Syria Relief)、シリア・アメリカン・メディカル・ソサエティ(the Syrian American Medical Society：SAMS)、シリアの子どもたちを支援し続けている匿名の方々、Jiyan Foundation for Human Rights、イラクにおける社会開発のためのシンジャル組織（Shingal Organisation for Social Development in Iraq)

第4章

地域で子どもの保護を強化する活動

２０１９年1月現在、レバノンで避難生活を送るシリア難民*の数は１５０万人とされ、うち、半数以上が18歳未満の子どもだといわれています。* この中には、シリア危機によって、大切な人やものを失ってしまった子どもたちがたくさんいます。

この章では、レバノンに避難するシリア難民の子どもたちへの支援の実践を取り上げ、紛争が子どもに与える影響、そして、紛争の被害にあった子どもたちへの支援のアプローチを見ていきたいと思います。

紛争が子どもに与える影響

紛争が子どもたちに与える負の影響は、計りしれません。次のような事例があります。

- 子どもが戦闘行為や攻撃によって負傷させられたり、殺害されたりする。
- 子どもが地雷や爆発物などの武器によって負傷させられたり、殺害さ

*難民：15ページ参照。

*国連難民高等弁務官事務所（ＵＮＨＣＲ）https://data2.unhcr.org/en/documents/download/67780

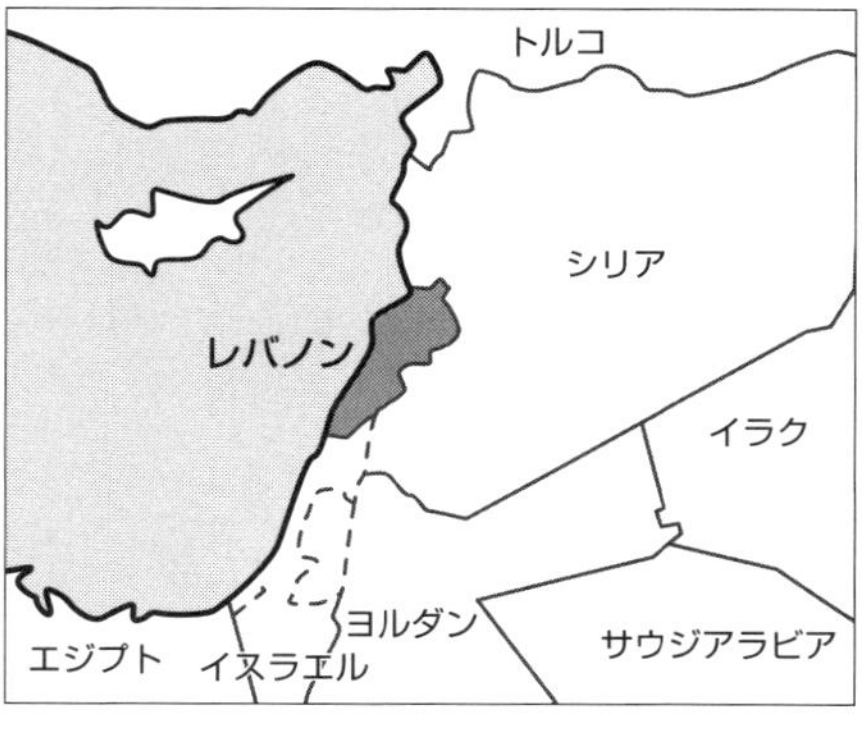

●レバノン

れたりする。

- 子どもが兵士に誘拐される。
- 子どもが兵士に性的虐待を受ける。
- 子どもが兵士に徴兵、もしくは、使用人や警護として利用される。
- 子どもが家族を殺される。
- 子どもが家族と離散する。
- 子どもが家を焼かれるなどして、住む場所を追われる。
- 最低限の食料や安全な水を手に入れられなくなり、子どもが栄養不良や下痢などの状態に陥る。
- 医療施設が攻撃を受けたり、医療従事者が職務を継続できなくなり、子どもが適切な医療ケアを受けられなくなる。
- 教育施設が攻撃を受けたり、教員が職務を継続できなくなり、子どもが教育を受けられなくなる。

戦闘により、生命の危機にさらされた子どもたちは、住み慣れた場所を離れ、別の地域や国での避難生活を強いられます。この避難生活は、大変厳しいものです。

レバノンに逃れてきた多くのシリア難民は、廃墟となったビルの部屋や空き地に設営したテントに住んでいます。ビルでは、地下部分などにトイレからの汚水が流れ込むなど衛生状態が劣悪で、子どもの下痢や皮膚病が発生したり、川沿いの空き地でのテント生活では、雨が降り続くと川が氾濫し、テント式住居が浸水してしまいます。冬には寒気が流れ込み、多くの子どもたちが体調を崩します。

そのような状況にもかかわらず、貧しい世帯への食料や生活補助などの支援は、シリア危機が勃発してから8年が過ぎた現在、減少傾向にあります。厳しい状況で、難民の子どもたちをさらに苦しめるのが、子どもの保護の問題です。

深刻な問題を抱える難民の子どもたち

レバノンに住んでいるシリア難民の子どもたちの多くが、暴力、身体的・精神的・性的虐待、搾取の被害にあっています。

●シリア難民が暮らしている場所（©Save the Children）

私たちは、暴力、虐待、ネグレクト、搾取といった、子どもたちを苦しめる問題への対処や予防の活動をあわせて、「子どもの保護」と呼んでいます。虐待、ネグレクト、搾取とは、より具体的には、次のような問題を指します。

●身体的虐待：子どもに対し、たたく、殴る、蹴る、やけどをさせるなど、身体に物理的な力を加えることにより、負傷をさせたり、やけどをさせたり、あざをつくったりと、身体的に傷つける行為。

●精神的虐待：子どもに対し、けなす、あざける、恥をさらす、無視する、脅すなどの行為を繰り返すことにより、精神的に傷つける行為。

●性的虐待：子どもの身体に不適切に触る、あるいはレイプなどの行為。また、直接接触しないが、児童ポルノを子どもに見せる行為も含まれる。

●ネグレクト：養育者が子どもの生存発達に影響を及ぼす基本的なニーズを満

たせない、もしくは、これらの充足を放棄すること。そのニーズとは最低限の食料・栄養を摂取する、安全な水を飲む、衛生的かつ安全な環境で居住する、病気やけがの際に適切な治療を受ける、教育を受ける、暴力から守られるなどを指す。

●**搾取**：物理的、社会的、経済的、政治的な力の差を悪用して、子どもを使い、報酬を得たりする行為。子どもの買春、有害な児童労働、児童婚、軍隊による子どもの徴兵などが含まれる。搾取は子どもの健康的な発育を阻害し、教育など、知的、精神的な発達の機会を奪う。

シリア難民の子どもたちは、避難した先の国で、日常的にこのような被害に遭っています。そこでは、養育者、地域の人びとなどからの身体的な暴力や言葉による暴力が蔓延《まんえん》しています。

また、児童労働*も深刻化しており、多くの子どもたちが、農作物の収穫、飲食店での給仕、工場での車やバイクの修理といった労働に従事しているほか、路上での物販や物乞いなどをしています。

***児童労働**：101ページ参照。

労働環境は過酷で、これらの仕事に一日の大半の時間を使い、そのために、学校に行く時間や遊ぶ時間を持てない子どもたちもいます。さらに、親にすすめられ、望まない結婚をさせられる子どもも急激に増加しています。結婚とは何かを十分に知らないまま結婚をし、嫁いだ世帯で苦しい生活を強いられる子どもが増えているのです。

みなさんは、紛争の影響を受けた子どもたちの生活を想像できますか。避難先のテントに引きこもり、辛い気持ちを誰に打ちあけることもできず、一日を終えるというような苦しい日々を繰り返しているようすを想像するかもしれません。もちろん、そういう子どもたちもたくさんいます。実際に、シリア難民の子どもたちの生活は過酷なのです。

しかし、それだけではありません。みなさんと同じように、家族や友人と話をしたり、勉強をしたり、サッカーをしたりと、日常をわずかであっても取り戻している子どもたちもいます。子どもたちはスタッフに笑顔を見せてくれることもあります。そして、私たち大人に、困難な状況を伝え、自分たちの生活をなんとかより良いものにしたいという思いを伝えてくれます。

ある少女はこう言いました。「今は学校に行けないから、弟に宿題を教え

●シリア難民の子どもたち（©Save the Children）

て、自分も勉強を忘れないようにしてる」

苦境にあっても、自分らしく今を生き抜き、そして、自身の未来を作っていくための力が子どもたちにはあります。私たちが大切にしていることは、子どもたち一人ひとりが最大限に力を発揮できるように寄り添っていくことです。

子どもたちへの支援の実践例：ケースマネジメント

難民支援の現場では、食料、水と衛生、安全な住居の確保、保健医療、教育、精神保健・心理社会的支援など、さまざまな援助が提供されています。しかし、虐待やネグレクト、搾取、暴力の被害にあい、社会的に弱い立場に置かれた子どもたちや、その養育者が、自ら支援を求めること、さらに、個々の子どものニーズに応じて支援を受けるにはさまざまなハードルがあります。

そこで必要となるのが、子どもたちの個別のニーズに合わせ、異なる機関が提供する援助を調整する社会福祉*のアプローチで、これを「ケースマネジメント*」と呼びます。現在、セーブ・ザ・チルドレンなど、世界で子どもに支援を提供する多くの機関が連携を取りながら、ケースマネジメントを実践していま

＊**社会福祉**：社会正義、人権保障、多様性の尊重を実現するために、社会的に排除・取り残され、支援を必要とする人への援助を行うこと。

す。

冒頭で紹介した精神保健・心理社会的支援のピラミッドのうち、本章で紹介するケースマネジメントは、暴力や搾取などの被害にあった子ども個人に焦点を当て、精神保健の専門家による精神医療介入にはあたらないものの、より高度に特化した支援を提供することから、「特化した非専門的サービス」にあたると考えられています。

ただし、強い心理的ストレスを抱えている子どもを精神保健の専門家にリファーラル*したり、子どもが養育者や地域住民から適切な支援を受けられるようにしたりと、他のカテゴリーに当てはまる支援と連携することが欠かせません。

心理的支援は文字どおり人の心の状況を、社会福祉支援は、人と人（家族や地域住民など）、人と社会との関係性を改善し、安心して日常生活が送れるようにするための支援です。そこで、子どものための社会福祉支援では、子どもも、養育者、地域、そして社会と子どもがどのように相互に関わっているかをていねいに観察して、社会や人びとと子どもをつなぎ、国家や国際社会が子どもを適切に支援できるように促していく必要があります。

＊**ケースマネジメント**：ここでは子どもの保護のケースマネジメントを指す。虐待や搾取などの問題の被害にあった子どもやその家族の個別のニーズに合わせ、保健医療、教育、精神保健・心理社会的支援、生計向上などの機関やコミュニティによる支援を調整し、89ページ以降に紹介する手続きに則り、体系的に提供すること。

＊**リファーラル**：照会、付託（他の人に任せること）を意味する。個別の子どものニーズに応えるために、現在活動している機関の活動領域を超える、またはより専門的な支援が必要で、他機関の方がより適切であると判断した場合、子どもや養育者の合意のもと、他の機関につなぐことを指す。

これにより、虐待や搾取などの問題を解決したり、予防したりすることが可能となります。心理的支援と社会福祉支援は、相互補完的な関係にあり、子ども支援の現場では双方の視点が欠かせません。たとえば、社会福祉支援を提供するために、子どもの状況を聴き取りする時に、子どもの心理状況に配慮する必要があります。さらに、子どもの心の状況を改善していくためには、子どもと養育者、子どもと友人、子どもと学校など、子どもを取り巻く社会の状況を理解することが大切です。

子どもに対する暴力や搾取などの問題が発生した時には、誰か1人に原因がある、または、何か1つの原因があるということではなく、家庭やコミュニティとの間で複数の問題が絡み合っていることがあります。

そこで、子ども、家族、コミュニティの状況を理解し、子どもたちや家族とともに、どのようにすれば子どもたちの状況が改善するかを考え、そして、医療や教育分野などの専門機関による支援へとつなぎ、子どもたちが適切な支援を受けられるように促すのです。さらには、子どもたちの状況が改善するまで、これらの支援が途切れることなく提供されることが必要です。

このケースマネジメントの過程で重要なことは、社会福祉の技術と経験を

＊ソーシャルワーカー：社会福祉支援の担い手。社会的に弱い立場に置かれた人の状況改善および社会全体のより良い変化に向けた支援活動を提供する。

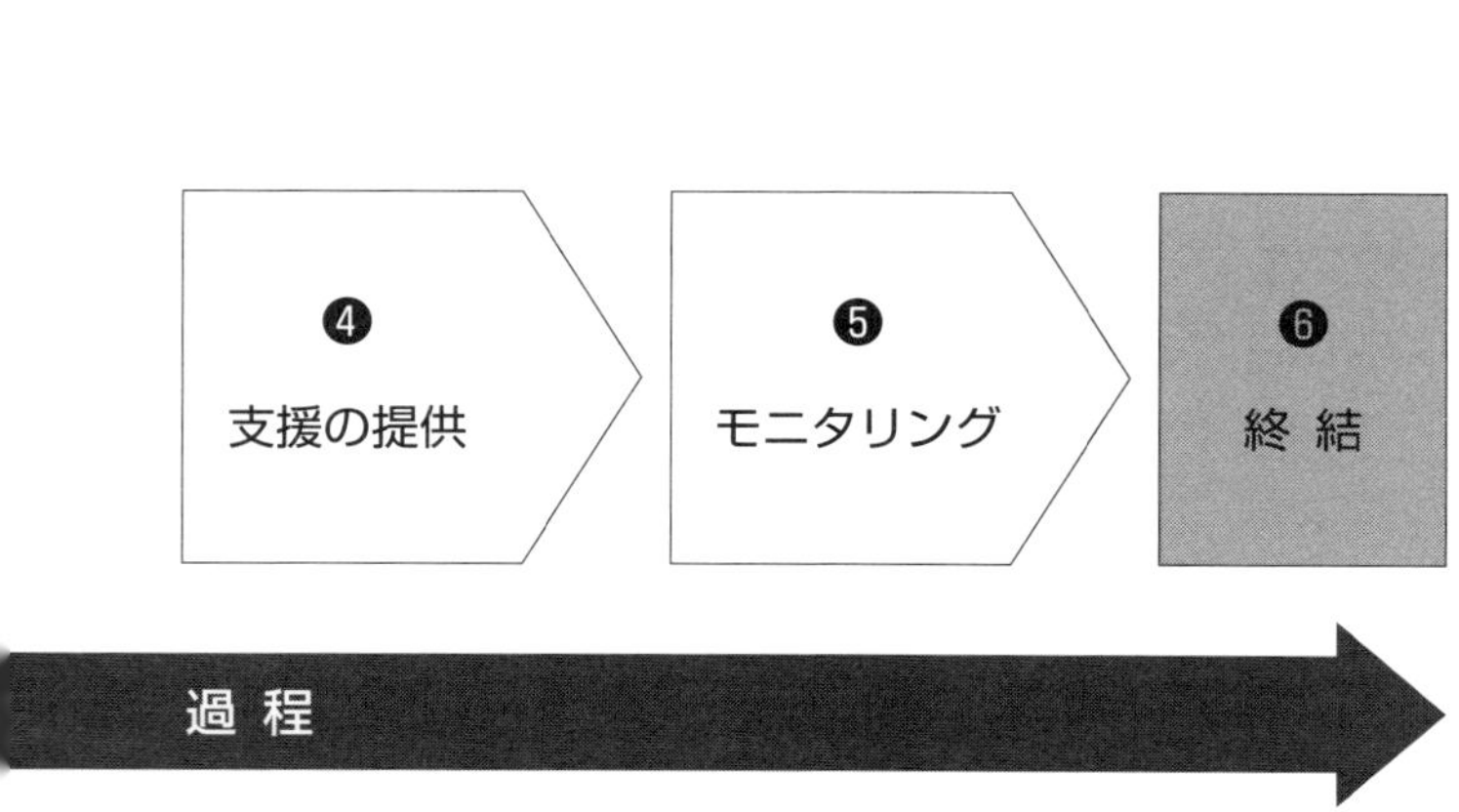

持った「ソーシャルワーカー」*と呼ばれる専門職員が、一人ひとりの子どもに寄り添い、支援の過程やそれに関する情報を管理し、子どもたちの状況改善を担保することです。子どもたちの状況がよくならない場合には、ソーシャルワーカーの援助のもと、支援の計画を見直し、よりよい支援が提供されるようにする必要があります。

❶問題の特定

スタッフが地域で子どもの保護に関する啓発活動を始め、地域住民が暴力や搾取などの問題に関する知識を身につけると、しだいに地域に暮らす人からそれらの問題について通報されるようになります。

通報を受けて、ソーシャルワーカーが、通報者から子どもや世帯の基礎的な情報（名前、年齢、性別、国籍、居住地、養育者の有無など）と、問題についての基本的な情報（発生場所、時間や頻度、事象、加害者、発生原因など）を収集します。

この情報をもとに、子ども、養育者とソーシャルワーカーが、支援の必要性を協議し、支援が必要であると決定した場合には、ケースマネジメントの実施

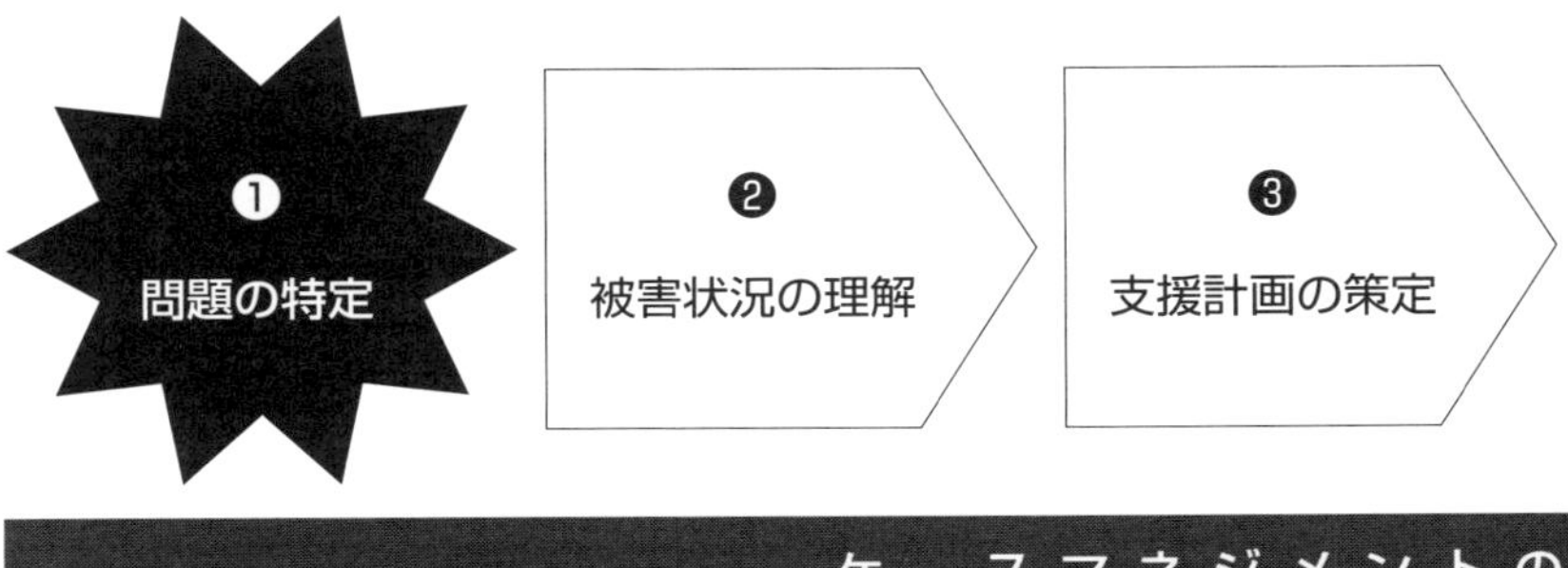

ケースマネジメントの

について、子どもおよび養育者の合意を取り付けます。

❷被害状況の理解

ソーシャルワーカーは子どもや養育者から、子どもや家庭の状況を聴き取ります。話を聞く時は、子どもや養育者の心理的な負担を増大させないよう、共感を示しながら話を聞くなど、配慮が求められます。

また、問題だけでなく、子どもを取り巻く世帯状況や地域の環境など問題解決の糸口になるような情報がないか気を配ります。

たとえば、子どもが学校に通っていて、学校の先生が子どもの状況の改善に協力的である場合には、先生からの支援が期待できます。また、地域に暮らす人が子どもの状況に共感を示している場合には、地域住民からの生活支援*（食料の寄付や交通手段の提供など）を受けられる可能性もあります。このように、地域での専門機関や地域住民など問題解決に役立つ資源をていねいに見ていくことが、効果的な支援へとつながります。

❸支援計画の策定

*レバノンに住むシリア難民の間では、車や小型バスによる通学の送迎を同じ地域に暮らす養育者の間で助け合うことがある。

❷の結果に応じて、子どもの状況をどのように改善したいかを、子どもや養育者とともに話し合い、子ども・家庭の状況に基づいた望ましい支援目標を設定します。目標設定に際しては、当事者である子どもおよび養育者の意見を尊重することが重要です。また、支援目標達成のためにどのような活動が必要かを協議し、支援計画をつくります。

支援計画には、どの専門機関にアクセスし、どのような支援を受けるかという具体的な内容を盛り込みます。子ども、養育者に対して、現実的な支援内容や、支援による効果および影響について明確に説明した上で、子ども、養育者、ソーシャルワーカーで支援目標および支援内容を決めます。加えて、ソーシャルワーカーがどのような頻度で子どもや家庭を訪問し、状況をモニタリングするかについても、この時点で決めておくようにします。

❹支援の提供

❸で策定された支援計画に基づき、ソーシャルワーカーが子どもや家族に精神保健・心理社会的支援を提供したり、専門機関に子どもをリファーラル*したりします。リファーラルを行う場合には、専門機関により適切な支援が提供さ

＊リファーラル：85ページ参照。

れていることを確認します。子どもたちが専門機関からの支援を受ける際に、十分な支援を受けられないような状況が生じている場合には、ソーシャルワーカーが介入し、専門機関にスムーズにアクセスできるよう支援します。

専門機関へのリファーラルにあたり、貧困など世帯の経済状況のために専門機関の支援を受けることが難しくなっている場合には、セーブ・ザ・チルドレンが現金を支給し、子どもたちが適切な教育機関、医療機関、その他の専門機関に通うことができるように支援することがあります。

また、より高度な専門機関による支援が必要と判定された深刻なケースについては、ソーシャルワーカーが、地域の行政機関とも連携を図りつつ、専門的なカウンセリングなど臨床的な精神保健・心理社会的支援を受けられる専門機関や司法機関などにつなぎます。次ページの表は、具体的な支援内容の事例です（実際の支援内容は、❷の聴き取りの結果に基づいて慎重に判断されています）。

❺モニタリング

❸で策定された支援計画、モニタリングの計画に基づき、ソーシャルワーカーが子どもと養育者を定期的に訪問し、聴き取りを行って、状況が改善して

■ケースマネジメントを通じた支援の事例

ケースの事例	支援内容
養育者による子どもへの精神的虐待が起きている	• 世帯を訪問し、子ども、養育者の悩みを聴くとともに、肯定的な子育ての在り方について、養育者にアドバイスをする。 • 必要に応じて子ども・養育者を医療機関や、精神保健・心理社会的支援を提供する専門機関にリファーラルする。
児童労働により、子どもが学校に通っていない	• 教育機関と子ども、養育者間のコミュニケーションが円滑に進むよう支援し、子どもの通学を促進する。 • 必要に応じて通学のための文具や交通費を補助する。 • 必要に応じて子どもや家族に対する生計支援の妥当性を検討し、適切な機関にリファーラルする。 • 子どもを有害な搾取的労働に従事させないよう、養育者に働きかける。雇用主の理解を得られる場合には、彼らと協力し、賃金、労働時間、職場環境などの改善に取り組む。

いるかどうかを確認します。状況が改善している場合には、引き続き計画に基づいて支援とモニタリングを継続します。

一方で、通学を中断してしまう、医療機関による適切な治療が受けられていないなど、子どもの状況が改善していないと判断される場合には、改めて子どもや養育者、専門機関の状況を把握し、支援目標や支援内容が妥当であるかを再検討します。

その結果、問題があると判明した場合には、子どもたちがより良い支援を受けられるよう計画を修正します。虐待やネグレクト、搾取、暴力の被害が深刻な場合には、週に1~2回、ソーシャルワーカーが自宅を訪問し、子どもの状況が良くなるにつれ、頻度を下げて、月に1~2回程度、訪問を継続し、子どもの状況改善の過程を確認します。

❻終結

❺の世帯訪問にて、子どもの状況が改善していることが継続的に確認され、しかも、子どもと養育者から意見を聴き、双方が状況の改善に満足している、また双方に状況を継続的に改善していく力があると判断される場合には、支援

を終結します。

終結にあたっては、必要に応じて専門機関からの助言を参考にすることもあります。支援を終結したとしても、問題によっては再発も想定されるため、地域での子どもの見守りを継続することが重要です。

ソーシャルワーカーの活躍

ここまで見てきたとおり、ケースマネジメントの過程においては、ソーシャルワーカーが、被害にあった子どもたちに寄り添い、支援の過程に重要な役割を果たします。

そこで、ソーシャルワーカーが、専門的な知識やスキル、そして、子どもたちを支援した経験を有していることが非常に重要です。

セーブ・ザ・チルドレンはレバノンで、大学や大学院で社会福祉や児童福祉、心理学を学び、地域のＮＧＯなどで社会福祉支援を提供してきた経験を持つ職員がソーシャルワーカーとして、子どもたちへのケースマネジメントの支援を提供しています。

●セーブ・ザ・チルドレンのソーシャルワーカーたち
（©Save the Children）

ソーシャルワーカーは、通常、約20人から25人程度の子どもたちへの支援を同時に行っています。それぞれの子どもたちが児童労働や児童婚、虐待など、さまざまな問題の被害にあっており、また、一人ひとりの子どもたちが異なる発達段階にあるため、これらの子どもたちの個別のニーズに応えることは、とても大変な仕事です。

しかし、子どもたちの苦しい状況を共感的、かつ、客観的に理解して、子どもたちや家族とともに支援計画を立てていきます。計画の実施において支援の成果を子どもや養育者と共有し、うまくいったことを積み重ねることで、彼らの自信や状況を改善する力が育まれていきます。そして、何より、子どもたち自身を支援活動の中心に据え、どの過程においても子どもの視点で最善の方策を考えていくことを大切に、支援活動を展開しています。

レバノンで支援をした、ある13歳の少女は、両親と2人の兄弟と5人で暮らしていますが、両親が学校に行くことに反対したため、家に引きこもるようになりました。そのうち、彼女には、結婚の話が持ち上がり、自分でも結婚しなければいけないと信じ込んでいました。

そこでソーシャルワーカーがこの少女を訪問し、結婚や彼女の将来について、話をしました。お母さんとも、相談を重ねました。ソーシャルワーカーは2カ月の間に8回、この少女を訪問しました。支援を開始したころは、彼女は戸惑っているようすでしたが、次第にソーシャルワーカーを信頼するようになり、自分の気持ちや自分の将来を見つめ直し、今は結婚をするべきではないと、自身を守るための決断をしました。そして、家族もこの考えに同意しています。

このように、子どもたちとの信頼関係を築き、子どもたちや養育者の自信や自ら問題を解決する力を育んでいけるよう、ソーシャルワーカーがきめ細やかな支援を行うことが、子どもの状況を改善する鍵です。

地域が子どもを見守り育てる子ども保護グループの役割

これまで見てきたとおり、暴力や搾取の被害を受けた子どもたちに対して、精神保健・心理社会的支援のひとつとしてケースマネジメントを通じた支援を提供することは有効であると考えられています。しかし多くの国で、ソーシャルワーカーの人数が不足していて、行政の仕組みも整備が進んでいません。

レバノンでは、行政やＮＧＯが、暴力や虐待などの問題に対処できる能力を備えたソーシャルワーカーを配置していますが、その人数は非常に少なく、彼らは常に多数のケースを抱えています。このため、ソーシャルワーカー自らがこれらの問題に気づいて、子どもたちへの支援を提供することは難しい状況にあります。

虐待や搾取などが生じた際に、既存の社会福祉サービス*のみに頼ることが難しい状況下においては、地域住民自らが協力しあってこうした問題に気付き、問題解決のための行動を取ることができるように促していくことが重要になります。

子どもは、コミュニティの中で育っているので、地域住民自身が、ソーシャルワーカーと地域をつなぐ担い手となり、課題解決に重要な役割を果たすことができるのです。そこで、セーブ・ザ・チルドレンでは、地域住民と協力をして、子どもを守る仕組みを強化する活動を行っています。レバノンでは、地域で子どもたちを守るために活動するボランティアによるグループをつくり、このグループを「子ども保護グループ」と呼んでいます。

＊既存の社会福祉サービス：ソーシャルワーカーによるケースマネジメントの提供など。

子ども保護グループのメンバーにはどのような人が選ばれているのでしょうか。グループの形成にあたっては、難民が暮らしている地域の住民からメンバーを選びます。これにより、地域の子どもたちの状況を把握している地域住民自身による問題の早期発見や解決につながることが期待されます。

地域住民の中でも、特に、地域のリーダー、子育て経験の豊富な養育者、子ども支援に関するボランティアや職業経験者（教員や助産師、ＮＧＯでの子ども支援に関する活動での経験者）などがメンバーとなり、さらに、老若男女問わず多様な経験を持つメンバー構成になるようにしています。

これに加え、私たちが実施する子どもの権利*、子どもの保護に関する研修に参加し、子どもの権利や保護に関する基礎的な知識を有していること、子ども支援に関する知識とスキルを身につけ、それを子どもの保護の活動の実践に活かしたいという学習意欲を有することが必須の条件となります。

また、子ども保護グループによる活動の持続性を担保するため、無償で活動してもらっています。無給でも責任を持って子ども保護の活動に携わりたいという、強い責任感や主体性を持つこともメンバーの重要な資質なのです。そして、子ども保護グループのメンバーの強い責任感や主体性があるからこそ、地

＊子どもの権利：6章参照。

域で子どもを守ることができるといえます。

子ども保護グループには、もうひとつ、重要な役割があります。それは、子ども保護グループのメンバーが、セーブ・ザ・チルドレンの研修を受けたあとに、地域住民や養育者に対し、児童労働や児童婚といった問題の兆候や危険性について情報提供するための、学習会や世帯訪問を行い、地域住民の意識を高めることです。このように、地域の人びとが、こうした問題を知り、問題を解決するための行動を起こすことは、必ず、子どもを守る強い力になるのです。

レバノンでは、子ども保護グループは、居住する地域において、暴力や搾取などへの対処および予防の活動を実施します。子ども保護グループが、子どもへの暴力や児童労働などの問題に気づいた時には、ソーシャルワーカーに速やかに通報を行います。

この連絡を受けて、ソーシャルワーカーは必要に応じ、ケースマネジメントによる支援活動を始めます。地域内で解決が可能と判断された問題については、子ども保護グループのメンバーが病院や学校などにつなぐこともあります。

ネグレクトや搾取の問題が起きると、子どもたちの心や体は著しく傷つけら

●子ども保護グループとの打ち合わせ（©Save the Children）

れます。深刻な問題に対処するための社会福祉支援は、高度な技術や長期的な関わりが必要ですが、問題を解決するのは非常に困難なことです。

このため、問題の発生を予防することは、非常に大事な活動です。地域住民が、暴力や虐待、搾取の問題の兆候や発生要因を知り、問題を早期に認識できるようになれば、問題を未然に防ぐことができるのです。また、もし問題が発生してしまったとしても、その被害を最小限にとどめることが可能となります。

子どもの保護に関する情報は不足しています。そこで、地域住民に正しい情報を伝え、住民の意識を変えることは重要です。このため、セーブ・ザ・チルドレンは、子ども保護グループのメンバーに対し、地域で虐待やネグレクト、搾取、暴力の問題を啓発するための手法について研修を実施しています。

研修は、スタッフが中心となって行い、子ども保護グループのメンバーは、児童労働や児童婚など、特定の子どもの保護の問題の特徴および発生要因、学習会や世帯訪問の効果的な実施方法などについて学びます。

こうして、子どもの保護に関する知識とスキルを得た子ども保護グループのメンバーが、セーブ・ザ・チルドレンの職員の支援のもと、子どもの保護の問題に関する啓発のための学習会を実施しています。レバノンでは、シリア難民の子どもたちの間で急激に増加している児童労働、児童婚の問題を学習会にて取り上げ（次ページ下の表）、参加者である地域住民は、各問題の特徴および発生要因について学んでいます。主な学習プログラムは、次ページの上の通りです。

これらに加え、暴力や搾取などに関して、どんな小さな兆候でも問題を感知した時や目撃した際には、地域の人たちが必ず子ども保護グループのメンバーに連絡するように促しています。これを受け、子ども保護グループのメンバーがソーシャルワーカーへの通報を行います。

難民となった人びとの中には、家事や労働に追われて、学習会に参加する時間がないという人も多くいます。参加できない人びとには世帯訪問を実施し、児童労働や児童婚など、子どもの安心・安全や尊厳を脅かす問題に関する知識向上のための情報提供をしています。この世帯訪問においても、子ども保護グループのメンバーが重要な役割を果たします。

地域の子ども保護グループが学習会や世帯訪問を通じて、地域住民の子どもの保護に対する意識を高めることにより、子どもたちがこれらの被害にあうことを予防できます。このように、ソーシャルワーカーと地域住民が協力し、子

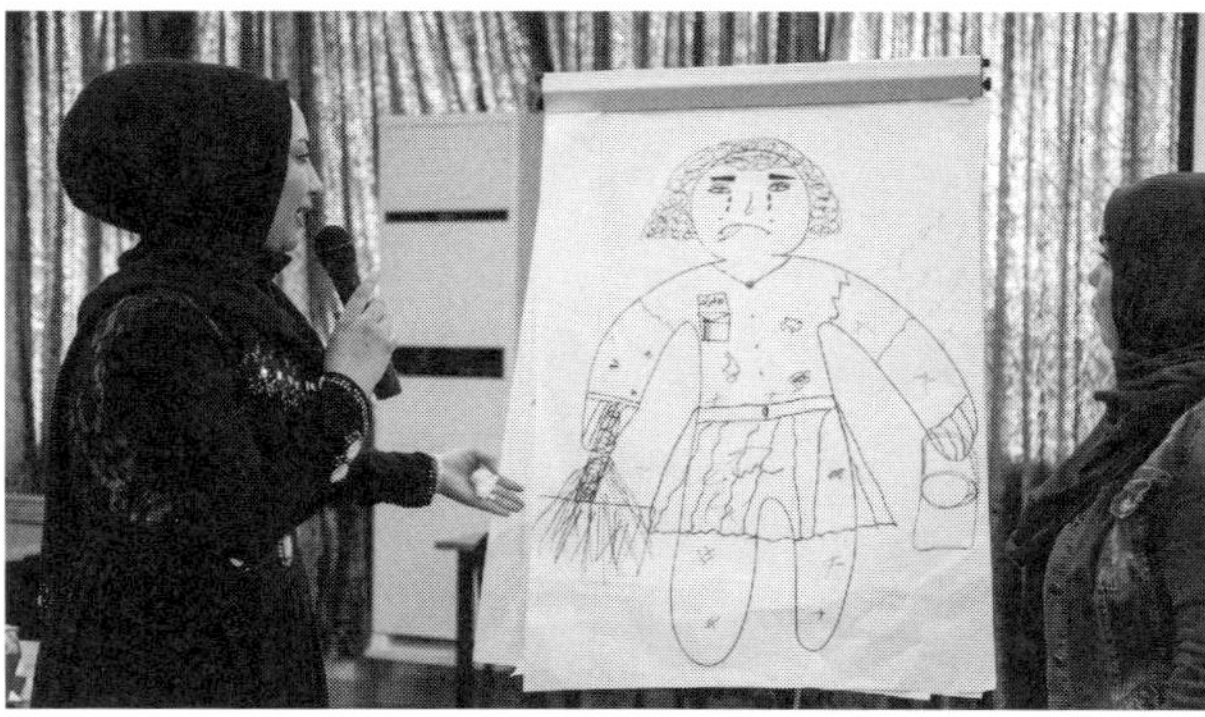

●子ども保護グループとの研修
この写真の活動では、子どもたちが直面する問題をひとつ選び（児童労働など）、その問題が子どもたちの体や心などに、どのような影響を及ぼすかを考える
（©Save the Children）

■学習会のプログラム例

①はじめに
②子どもの権利・子どもの保護とは何か
③児童婚とは何か
④なぜ、児童婚が起こるのか
⑤児童婚が引き起こす負の影響は何か
⑥児童婚の問題について人びとの意識を高めるためにできること
⑦まとめ

■学習会のプログラムで伝えている主な内容

児童労働とは	•子どもの労働には大きく分けて「有害な労働」と「子どもの権利を尊重した労働*」の２種類があり「児童労働」とは「有害な労働」を指す。 •「有害な労働」には、危険な労働環境、不当な低賃金や長時間などの労働条件、子どもの権利の侵害などが該当する。危険な労働環境としては、交通量の多い路上での作業、工場での危険な作業などがあげられ、子どもの安全を脅かす。また、大人より明らかに低賃金である場合、不当な労働条件であるといえる。さらに、子どもが１日中働かなければならず、子どもの発達に不可欠な教育などの権利を侵害されている場合にも、有害な労働に従事しているといえる。
児童婚とは	•18歳未満の子どもの結婚を指す。男女いずれかが18歳未満であれば児童婚である。特に少女が被害にあうことが多いが、少年も児童婚の被害者となることがある。 •子ども期は、学びや遊びの機会、友人や地域の人びとと交流する機会などを通じて、子どもの能力を発達させることが重要であるが、児童婚は子どもたちから学びの機会を奪う。さらに、計画外の早期の妊娠などで、健康を害する危険性も高い。

＊安全な労働環境、公正な労働条件のもと、教育などの子どもの権利を尊重した上で行われる労働のこと。

どもの保護の活動を展開していくことで、地域が子どもたちにとって安心・安全な環境に変わっていくのです。

レバノンで避難生活を送るシリア難民の少年は「今の生活は、刑務所にいるようなもの」とたとえていました。

この子は自分は何も悪いことをしていないのに、このような気持ちになってしまう状態に置かれています。紛争に巻き込まれた被害者のひとりです。安全を求めてやってきた避難先で、辛い思いをしています。世界では、無実の子どもたちに刑務所のような暮らしを強いている現実があるのです。

紛争は、子どもたちの衣食住含む生活や、子どもの考え方、思いなどすべてに、とても深刻な影響をもたらします。家族や友人との時間、紛争前は当たり前だった自分の家での暮らし、遊びや学びの機会、最悪の場合には生命――これらすべてを生きる力に満ちた子どもたちから奪うのが紛争です。

この章で見てきたような地域で子どもを保護する支援活動には、紛争による被害から子どもを守るという意義があります。

第5章

子どもの危機的状況に対応する心理的応急処置

子どもたちの傷ついた心を癒やす方法

すべての子どもたちは、危機的な状況において支援やケアを受ける権利があります。危機的な状況とは、自然災害や紛争、多くの人びとが影響を受けるような事件のほかにも、たとえば、交通事故にあい大切な人を亡くしたり、学校などでいじめにあうといったことも含まれます。

食料の確保や避難所の設置など物理的な支援だけでなく、これまで述べてきたように子どもたちの精神面や情緒面をケアすることも私たち大人の重要な役割です。爆撃や暴力を目撃することで生じるパニック、圧倒されるような感情は、子どもや若者の人生に長期的なマイナス影響を与えることがあります。

精神的にとても苦痛な状況が続き、家族や友人と楽しい生活を送れなくなったり、正しい判断ができなくなったり日常生活にも困難が生じることがあります。そのため、危機的状況下の子どもに対する支援では、精神疾患を予防することも重要です。

危機的状況下の子どもを支援する方法として『子どものための心理的応急処

●『子どものための心理的応急処置』内容がわかるパンフレットは以下のＱＲコードからダウンロード可能

置（Psychological First Aid for Children）』（子どものためのＰＦＡ）という方法がひろく使われています。世界保健機関（ＷＨＯ）などが開発した心理的応急処置（ＰＦＡ：Psychological First Aid）の方法と同じ原則に基づいています。子どもや教師、親や養育者、若者たちと関わる人道支援のスタッフが、緊急下で子どものニーズに基づき、必要としている支援を提供できるよう、セーブ・ザ・チルドレンでは、世界で、子どものためのＰＦＡの普及と実践を進めています。

日本でも自然災害の被災地をはじめ、全国で子どものためのＰＦＡトレーニングを実践しています。子どもや若者が、緊急下だけでなく、長期的に支援やケアが受けられるように子どものためのＰＦＡの普及に力を入れています。

世界共通のガイドラインが完成

この20年間、人道支援を行う団体では、メンタルヘルス*が人びとの生活において重要であること、そして、災害により変化した状況に対して、適応していく際のキーポイントになるという認識が広まっています。

*メンタルヘルス：52ページ参照。

ヨーロッパでは、1990年代に起こった旧ユーゴスラビア紛争*の時に、大勢の人びとが、長期的な精神的苦痛の影響を受けたことが注目を集めました。2004年には、スマトラ島沖地震*によるインド洋大津波の被害の後、さまざまな組織が集まり、緊急時における精神保健・心理社会的支援の基準について話し合い、ある合意に達しました。

2007年には、WHO主導のもと、さまざまな組織がお互いの体験・見解を出し合い、あらゆる状況における人道支援の国際的なガイドラインとして初めて『災害・紛争等緊急時における精神保健・心理社会的支援に関するIASCガイドライン』*が公表されました。

ガイドラインは、10以上の言語に翻訳され、さまざまな状況で使われてきました。たとえば、2014年に、西アフリカで発生したエボラ出血熱*の支援活動の時などにも、このガイドラインが活用されました。

人道支援の現場では通常、地元の支援団体、行政、国際組織のメンバーが集まり、調整や連携を行うためのコーディネーショングループが形成されます。さまざまな団体や組織が連携することで、重複することなく、効果的で必要な支援を届けることができます。

＊旧ユーゴスラビア紛争：1990年代に起こった、6つの共和国から構成されるユーゴスラビア社会主義連邦共和国のそれぞれの共和国が独立する過程で起こった紛争。

＊スマトラ島沖地震：2004年12月26日に、インドネシア西部スマトラ島北西沖で発生したマグニチュード9.1の地震。この地震により、津波が発生し多くの人が犠牲になるなど甚大な被害があった。

＊災害・紛争等緊急時における精神保健・心理社会的支援に関するIASCガイドライン：国連人道問題調整事務所のもと国連機関と国際NGOが形成する機関間常設委員会（Inter-Agency Standing Committee）が定めたもの。https://saigai-kokoro.ncnp.go.jp/document/pdf/mental_info_iasc.pdf

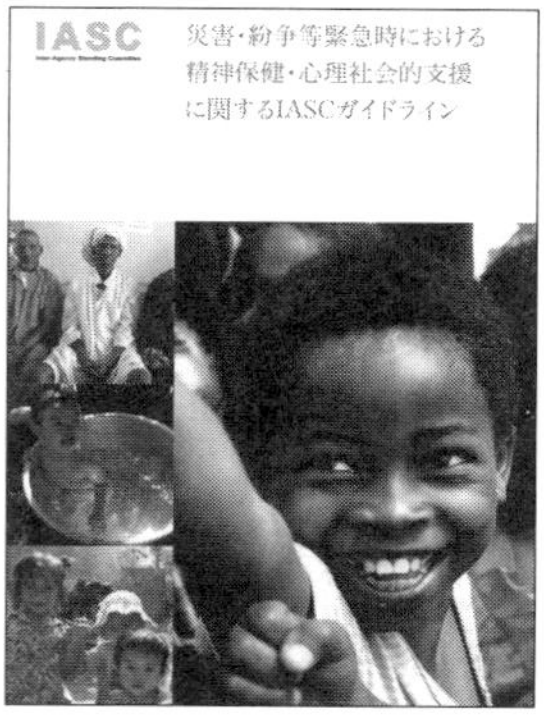

また、お互いに連携することにより、支援が行き届いていない地域を特定し、空白をなくすこともできます。さらに、それぞれの組織や団体が集まることによって、支援の好事例や教訓を共有したり、合同トレーニングなどを行うこともできます。人道支援の国際的なガイドラインは、このようにさまざまな組織や団体が連携して活動するための共通理解を持つためにあります。

*エボラ出血熱：野生動物からヒトに感染しヒトの間でも広がる、エボラウイルスによるウイルス性の感染で、感染すると頭痛や発熱など風邪のような初期症状が出て、やがて激しい下痢や嘔吐に見舞われ、血液が凝固できなくなり、体内や体外で出血する。死亡患者のほとんどが平均10日で死に至っている。致死率は90％に上るといわれている。

精神保健・心理社会的支援とは

精神保健・心理社会的支援とは、危機的状況下にある人に個々のニーズに応じた必要な支援を提供し、その人たちが困難な状況に自分自身で対処し適応できるようにすることを目的とします。すべての人が、精神科の治療やカウンセリングを必要とするわけではないので、個人やニーズに合った支援を提供しなくてはなりません。

災害の影響を受けた約8割の人は、安全が確保され、基本的ニーズ（衣・食・住・基本的な医療）が満たされ、必要な支援にアクセスできるなど自分の力で再び良好な状態に戻ることができます。*

*World Health Organization: Buiid back better. Sustainable mental health care after emergencies. World Health Organization(2013).

子どもに対する精神保健・心理社会的支援の主な目的は、3つあります。
①日常性を回復し、自分の状況や環境をコントロールしている感覚を取り戻すためのサポートをすること
②心理的ストレスを経験した後に、過敏に反応してしまう人を落ち着けるのに良いエクササイズ（自分の体を軽くたたいたり、呼吸に意識を向けるなど）をすること
③子どもたちが遊んだり、他の人びとと関わることができるような安心・安全な場所を提供すること

精神保健・心理社会的支援における遊び

子どもに対する精神保健・心理社会的支援の活動の多くは、日常生活を少しでも取り戻すために、衣・食・住に対する支援、衛生面の配慮、プライバシーの確保、そして、家族や友達といられたり、一人で読書や考え事をしたり遊んだり学習したりできるようにすることが基本です。

精神保健・心理社会的支援は、避難所や難民キャンプなどで、子どもたち

●サイクロンの被害をうけたモザンビークで、こどもひろばに集まった子どもたち

が、安心・安全に過ごすことができる「こどもひろば」という場所で遊びなどを通して行われたりします（48ページ参照）。子どもたちは遊び自体を楽しむことのほかに、遊びを通してさまざまなスキルを身につけます。たとえば、遊びの中で子どもが他の人たちと関わることで、強く健康的に育ちます。また、身体を使った遊びは、多くの子どもが直面している肥満を解消するのにも役立ちます。

遊びとは、ひまつぶしや時間のむだづかいではなく、子どもたちの心身の発達を支える大切な活動です。遊びは、子どもたちにとって楽しみでもあり、不安やストレスに対処する安心・安全な時間や空間も保障します。また、遊びによって脳が発達し脳の回路を強くします＊。

子どもたちが遊ぶための安心・安全な場所にアクセスできるということは、ストレスを抱えている子どもが自分の力で困難を乗り越えて行くために重要な役割を果たします。

＊脳回路のつながりをもたらす発達や、情報をまとめたり、観察したり、計画を立てたりすることをつかさどる脳の部位の発達など。

心理的応急処置（PFA）とは

私たちは、ふだん、特に意識しなくても相手とコミュニケーションをしていますが、危機的な状況下では、どのようにコミュニケーションをとるべきか不安になったりします。これは、大人でも子どもでも起こり得ることです。

そんな時に備え、例えばふだんから相手の話を聴く練習などを行うことで、いざという時に落ち着いてコミュニケーションをとることができます。また、危機的状況下で人びとが示す一般的な反応や行動を理解し、ニーズを確認し、適切な支援につなぐなど、人々に害を与えない配慮ある支援の姿勢や行動について学べるのがＰＦＡです。

紛争や自然災害の起こった地域で活動するすべての人道支援関係者は、精神保健・心理社会的支援を行います。災害の影響を受けた人びとの尊厳・文化・能力を尊重し、必要としている支援につなぎ、レジリエンスを高めていくために、すべての支援者がＰＦＡを学んで被災地に入ることが望ましいでしょう。

２０１１年に、ＷＨＯなどが作成し、国連などとともに発表した『心理的応急処置フィールド・ガイド（Psychological First Aid：Guide for field workers）』（ＷＨＯ版ＰＦＡ）は、誰でも精神保健・心理社会的支援の基礎を学べるように作られたものです。

セーブ・ザ・チルドレンは、２０１３年に、２日間に渡るＰＦＡトレーニングを、緊急時に子どもや若者と直接関わるすべての人を対象にスタートさせました。トレーニングでは、大人が子どもや若者に対して初期段階のサポートとして、被災した人びとにすべきこと、すべきでないことを学び、適切なコミュニケーションをとったり、安心や落ち着きを提供するための基礎を学びます。また、子どもに適切な支援を提供できる組織や人へつなげることも研修の目的としています。

パキスタン、バングラデシュ、キルギスタン、ケニア、デンマーク、コートジボワール、タヒチ、スリランカでも、２日間のトレーニングが行われています。

また、日本での経験から1日研修や、子ども同士が使えるＰＦＡマニュアルが考案され、日本とモンゴルでこの研修が実施されています。ＰＦＡは、医師や専門家が行う治療やセラピーではなく、誰でもできることに特長がありま

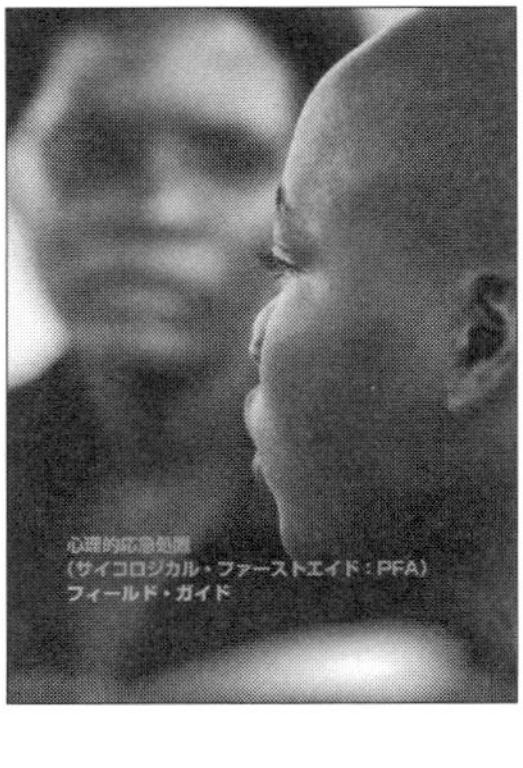

●ＷＨＯ版ＰＦＡ

す。

ＰＦＡの行動原則は、「準備・見る・聴く・つなぐ」です。

●準備

危機的状況下では、予想しないことが多々起こり、緊急の対応が必要になる場合があります。しかし、現地に入る前に可能な限り状況についての正確な情報を集める必要があります。また、現地で利用できるサービスや支援を調べ、安全と治安状況について調べてください。危機的状況下では、状況が刻一刻と変わるため、被災地域や支援組織間で連携し情報をアップデートしていくことが大切です。

●見る

まずは安全確認を行います。危険が無いか周辺を良く観察し、支援活動を始める前に自分自身の安全も確認することが重要です。

次に、明らかに急を要する衣・食・住などの基本的ニーズを必要としている子どもがいないかを見ます。

●準備

準備 Preparation

そして、深刻なストレス反応を示している子どもがいないか確認します。地震や洪水などの災害後、子どもは泣いたり、不安になったり、腹痛や頭痛、不眠、食欲不振などの身体症状を示したり、大人にしがみついて離れなかったり、急に幼い言動をしたりなど、その年齢によりさまざまな反応を示します。このような反応や行動を示す子どももいれば、全く示さない子もいます。これらの反応や行動は、危機的状況下において子どもが示す通常の反応です。子どもが親や養育者など安心できる大人と一緒にいることができ、生きていくうえで必要な基本的ニーズが満たされ、周囲の人からサポートを受けられることで、ほとんどの子どもは、個人差はあるものの、時間とともに回復していきます。ただし、子どもの中には、依然として強いストレスを抱えていたり、日常生活に支障をきたしているなど、自分だけでは上手く対処できず、さらなる支援を必要とする子どももいます。その際には、医療従事者や教員、養護教諭、スクールカウンセラーなど、地域の人たちから更なるサポートが受けられるようつなぐことが大切です。

●見る

見る Look

●聴く

次に「聴く」。支援を必要としている子どもに寄り添いながら、話を聴く。こちらから「何か不安なことがあったんでしょ」「地震が来た時怖かった？」などと根掘り葉掘り詮索するのではなく、「何かお手伝いできることはある？」など、子どもが話したい時に話せるような安心した安全な環境を作ることが大切です。

子どもが自然に話し出したら、子どもと視線が合うような姿勢をとるほか、相づちを打つなど、子どもが話しやすい雰囲気をつくることがポイントです。子どもの話を遮ったり、自らの考えで子どもの話を判断したりせず、あくまでも子どもから聴いた話を要約して内容を確認します。

ストレスを抱えた子どもは、時に涙を流し、興奮しながら話をすることもあります。そうした場合は、水やティッシュを差し出す、椅子に座るよう促すなど、落ち着けるよう手助けをすることも、子どものためのＰＦＡには含まれています。

子どもの中には、すぐに話ができない子や、話したくない子もいると思います。「私はここにいるから、話したくなったら、いつでも声をかけてね」と、

●聴く

聴く Listen

話を聞く大人の存在を伝えるだけでも違います。

●つなぐ

実際に子どもから話を聴き、彼らが必要としていることに対応できる時には実行します。できない場合には、無理に自分で対応するのではなく、適切な人やもの、情報へつなぎます。危機的状況下で子どもと接していると、そのニーズはさまざまです。大切なことは、何でもしてあげるのではなく、できるだけ子どもの自助力を促すことです。

本章では、子どもに特化したＰＦＡの活用法を伝えましたが、子どもに限らずストレスを抱えた大人へも、もちろんＰＦＡを使うことができます。特に、子どもの安定と回復を支えるには、普段から子どもの周りにいる大人が落ち着きを取り戻すことが大切です。「準備・見る・聴く・つなぐ」で、親や養育者を必要な社会的支援につなぎ、彼らが自身で子どものケアができるよう、サポートしていくことが重要です。

しかし、子どもの中には、依然として強いストレスを抱えていたり、日常生活に支障をきたしているなど、自分だけではうまく対処できず、さらなる支援

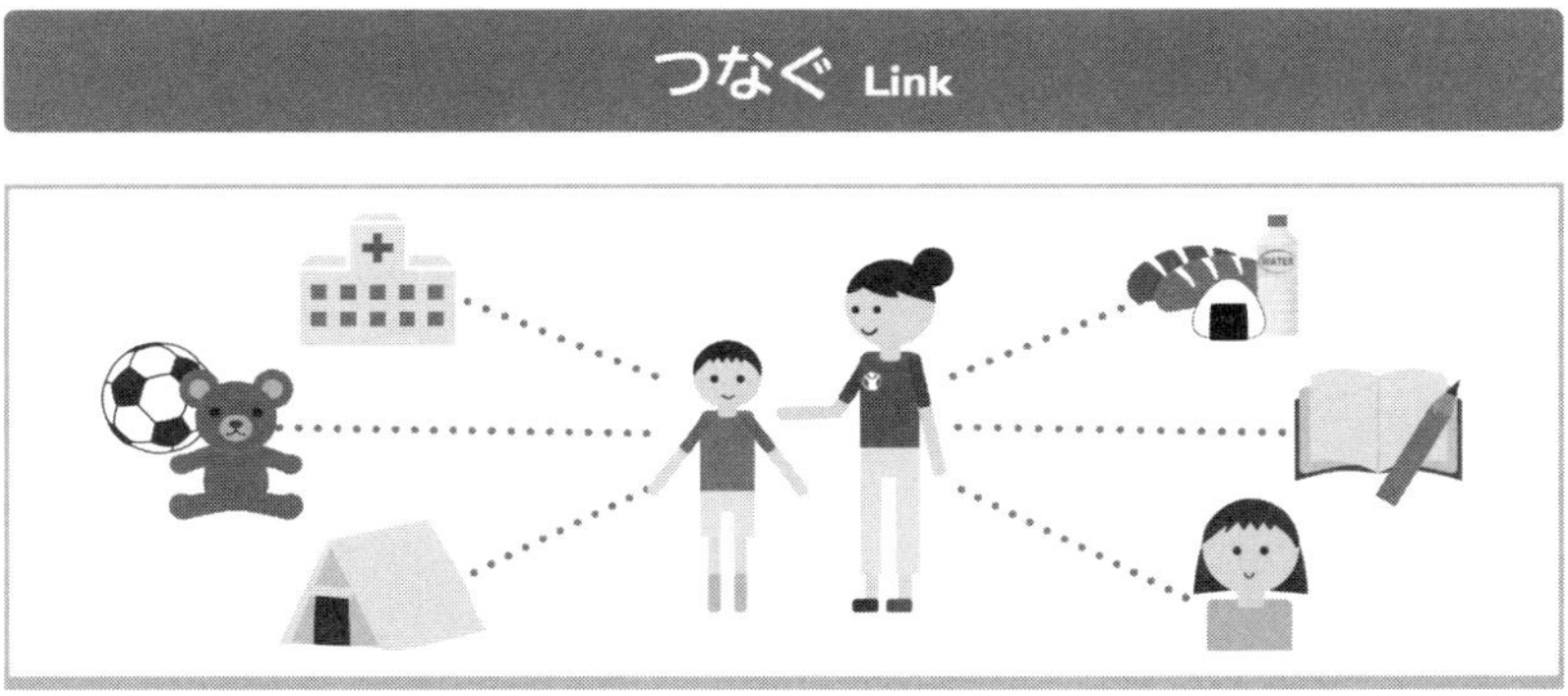

を必要とする子どももいます。その際には、精神保健医療の専門機関や専門家につなげる必要があります。

すぐに専門家につなぐのが難しい場合は、教員、養護教諭、スクールカウンセラーなど、地域の人たちから更なるサポートが受けられるようつなぐことが大切です。

レジリエンスを高める

PFAは、紛争や災害など、危機的なできごとに直面した人たちの心を傷つけずに支援するための方法ですが、長期的な精神保健・心理社会的支援のプログラムを通して、子どもたちのウェルビーイング*の向上やレジリエンス*を高めることを目指すことも大切です。

子どものレジリエンスを高めるための要素は次のようなものです。

- 安定した養育環境で、危険や虐待、ネグレクトから守られるような安全で安心な環境
- 文化やアイデンティティがおかされない

*ウェルビーイング：49ページ参照。
*レジリエンス：43ページ参照。

- 社会的なつながりがある
- 教育など基本的サービスへのアクセスがある

セーブ・ザ・チルドレンが実施する精神保健・心理社会的支援プログラムの中では、子どもたちのレジリエンスを高めるための活動が多く行われています。例えば、レバノンでは、同じ地域に住む15～25人の子どもや若者グループが、週に2回、1～2時間集まり、困難に対する前向きな対処法やレジリエンスを高めることを目的とした活動に参加しています。

こうした活動では、通常、次のような要素を含んでいます。

- 反復、動き、リズムの要素を持ち合わせた創造的な活動
- 子どもが自ら話したいと思ったときに話ができる機会
- 社会的なつながりや仲間同士のサポートを向上させるようなグループワーク
- 日々のさまざまな問題などに効果的に対処するために役立つ実践的なライフスキル
- リスク要因を減らし、安全・安心感を高められるような環境づくりのため

の取り組み

- 自分にできることを考える（過去に困難があった時に役立った対処法は何かを考えるなど）

子どもや若者のレジリエンスを構築する

危機的状況においては、身体の安全や避難場所の確保、医療支援のニーズと同様に、常に精神保健・心理社会的支援も考える必要があります。紛争や暴力にさらされる状況が続けば、子どもの心身の発達に深刻な影響をおよぼし、うつ病や、孤立、不安、信頼の欠如などにつながることもあります。

私たちの目的は、すべての人が常に１００％幸せで満足することではなく、子どもが健やかに成長し、適切なサポートを受けられるように支援することにあります。子どもは、つらい感情や状況に、自分一人でのみ直面するべきではありません。他者と強く、温かく、そして支えあう関係性を築き、自分も相手も理解し、尊重し、自信を持ち、成長につながるような選択をしたり、周囲の世界と関係性を築いたりする機会が与えられるべきです。

精神保健・心理社会的支援プログラムは、可能な限り、子どもが自分で危機や変化に対処でき、そして、彼らが社会の中で、創意工夫をしながら問題を解決したり、貢献したり、自分に対しても家族やコミュニティなどの環境に対しても前向きな姿勢で、楽しんで成長できるよう子どもや若者のレジリエンス*を構築すべきなのです。災害の影響を受けた多くの子どもたちは、精神医療介入やカウンセリングなどがなくても、自然に回復する力を持っていることがほとんどです。その回復のプロセスをじゃまする障壁を取りのぞき、さらなる害を与えないことで子どもたちが自分たちの力を発揮できるように支援していくことが大切です。

*レジリエンス：43ページ参照。

日本の被災地で行われたＰＦＡ

日本で災害などが起きた際、精神保健・心理社会的支援の取り組みが注目されるようになったきっかけは、阪神・淡路大震災*と言われています。日本や海外の専門家などがさまざまな精神保健・心理社会的支援活動を被災地で行い、経験や知識が積み上げられてきました。

*阪神・淡路大震災：１９９５年に起きた大規模な震災。戦後に発生した自然災害では、犠牲者の数で伊勢湾台風の５０９８人を上回り、東日本大震災が発生するまでは最悪のものであった。

２０１１年に起きた東日本大震災の支援では、「こころのケア」という言葉が報道でも使われるようになりました。これは、被災した人びとの精神面も支える必要があると、広く一般にも理解されるようになってきたためでしょう。ＷＨＯ版ＰＦＡマニュアルは日本語にも翻訳され、２０１２年からはＰＦＡを学ぶための研修会が開かれるなど、日本国内で普及が始まりました。２０１３年には、このマニュアルをもとにセーブ・ザ・チルドレンが、子どものためのＰＦＡを制作し、翌年から日本でも研修を始めました。

これまでに、災害支援や医療、福祉、教育、行政の関係者、企業、そして市民まで幅広い層がＷＨＯ版ＰＦＡや子どものためのＰＦＡの研修を受けました。国内で発生した災害では、ＰＦＡを学んだスタッフが被災地へ派遣され、さまざまな支援活動を行っています。

両方のＰＦＡマニュアルには、支援者が被災した人たちの尊厳、自助力、文化を尊重したり、配慮しながら、害のない安全な支援を届けるために守るべき行動や姿勢が、簡潔に記されています。それが、「準備・見る・聴く・つなぐ」というシンプルな行動原則を使い、必要な人へ支援を届けていく方法です。

セーブ・ザ・チルドレンは２０１４年に日本で「子どものためのＰＦＡ」の

普及を開始しました。普及のための研修は、医師や保健師、看護師、薬剤師、精神保健福祉士、心理士、消防士、教員、ＮＧＯ・ＮＰＯ職員など多様な人たちとともに取り組んでいます。それぞれ、支援現場での役割は異なりますが、これまで国内外の災害支援活動に従事してきた人たちです。２０１９年２月末までに８４５０人の人が研修を受けています。

東日本大震災で被災した宮城県では、２０１６年から県内の公立の小・中・高・特別支援学校の防災主任の教職員を対象にした研修会に「子どものためのＰＦＡ」が組み込まれ、県全体で子どものこころのケアに取り組んでいます。

被災した人びとが精神面で回復しなければ、災害からの復興は実現できません。そのため災害など緊急時の精神保健・心理社会的支援の取り組みは、緊急支援初期段階から、国をはじめすべての支援者がさまざまな支援活動の中で取り組む必要があります。

日本の経験を世界へ

２０１５年３月、宮城県仙台市で第３回国連防災世界会議が開催されました。* この会議は、日本史上最大規模の国連関係の国際会議となり、国内外から延べ15万人以上が参加しました。

セーブ・ザ・チルドレンも、研修普及パートナーの国立精神・神経医療研究センターと共同で、災害時の子どもと親や養育者に対する「子どものためのPFA」をはじめとする、精神保健・心理社会的支援に関する私たちの取り組みを、日本の被災経験とともに世界へ訴えました。

この防災世界会議で採択された2030年までの防災における優先事項を定めた仙台防災枠組には、初めて、「必要とするすべての人びとに精神保健・心理社会的支援及び精神保健サービスを提供するための復興スキームを強化する」ことが組み込まれました。

また、セーブ・ザ・チルドレンは、日本だけでなく海外でも「子どものためのPFA」の研修を実施しています。紛争の影響を受けたパレスチナのガザ地区や寒雪害で被災したモンゴル、フェリー事故があった韓国において、日本におけるセーブ・ザ・チルドレンの災害支援経験を「子どものためのPFA」とともに共有しています。

モンゴルや韓国では、熊本地震緊急支援における「子どものためのPFA」

＊本体会議のほかに、「東日本大震災の経験と教訓を世界へ」をテーマとした関連行事「パブリック・フォーラム」が開催され、市民団体など350団体以上が参加し、日本の災害経験と教訓を世界へ発信した。

の活用事例を紹介し、ＰＦＡがストレスを抱えた子どもに有効な方法であるという理解を深めてもらうことができました。

「私たちは災害時の子ども、特に子どもの心理的な部分についてこれまであまり注目をしてこなかったけれど、『子どものためのＰＦＡ』を学び、子どものこころの支援の重要性を知りました」（モンゴル）

「これまで実際の災害支援の経験がないため、日本の自然災害支援現場『こどもひろば』での事例が『子どものためのＰＦＡ』を学ぶ上で、大変役に立ちました」（韓国）

「戦争中はつなぎ先がない」。これは、パレスチナ・ガザ地区での研修参加者からの発言です。２０１４年7～8月の紛争により、ガザ地区では子どもを含む多くの人びとが深刻な影響を受けました。２０１５年8月、ガザ地区の教師や子ども支援関係者に対して「子どものためのＰＦＡ」研修を行いました。災害の種類に関係なく、つなぎ先の難しさは課題のひとつです。

ガザ地区での研修会では、一緒に研修講師を務めたセーブ・ザ・チルドレン・ガザ事務所のスタッフをはじめ、参加した全員でつなぎ先について議論をしました。つなぎ先がない。外部支援がない。何もない状況の中で、子どもの

●モンゴルで行った子どものためのＰＦＡ研修で、ぬいぐるみを使ったコミュニケーションの方法を伝えているようす（©Save the Children）

周りにいる大人はどのように子どもたちを守ることができるのか――。

参加者からは、「子どものためのＰＦＡ」を知っている大人が増えることで、緊急時にまず近くにいる大人が子どもが落ち着けるよう、安定できるようサポートすることができるのではないか。たとえつなぎ先や一人ひとりができることに限りがあっても、地域全体でこの「準備・見る・聴く・つなぐ」を理解して行動することで、地域のレジリエンスを高めることにつなげられるのではないか、というような意見が上がりました。

子どものためのＰＦＡは世界共通の支援の方法ですが、初めて研修を行う地域では、その土地の文化や特性などを考慮する必要があります。その地域に住む人たちが中心となり、自分たちで子どものためのＰＦＡの活用や普及方法を考え、実行していくことが大事です。

国や文化が違えば直面する課題も異なりますが、支援者として共通する思い「Do No Harm」（害を与えない）*は、共通しています。たくさんの大人が、紛争下や自然災害の影響を受けた身近な子どものために、自分たちのできることで、こころの回復も支えたいと思っています。セーブ・ザ・チルドレンは、身体の応急手当てと同様に、研修で習得した知識で、こころの応急手当てができ

＊**害を与えない**：支援活動には、意図せず相手に害を与えるなどのリスクがある。例えば、支援者がよかれと思ってやったことが相手の負担になったり、何気なくかけた言葉で被災した人を傷つけてしまったりすることなどがそれにあたる。ＰＦＡマニュアルには、支援者が被災した人たちの尊厳、自助力、文化を尊重、配慮しながら、害のない安全な支援を届けるために守るべき行動や姿勢が、簡潔に記されている。

る人が世界に1人でも多く増えることを願っています。

「子どものためのＰＦＡ」の行動原則「準備・見る・聴く・つなぐ」は、紛争下や自然災害の影響を受けた地域を巻き込み、継続的な精神保健・心理社会的支援を子どもや親、養育者へ提供していくことができる有効な方法です。災害時に備え、多くの人が子どものためのＰＦＡを知ることで、ストレスを抱えた子どものこころの傷を深めない配慮ある支援を実現し、支援組織や支援分野を超えた連携が強まり、より良い支援につながると考えています。

みなさんも、普段の生活で困っている子どもや友達を見かけた際、こころの応急手当て「準備・見る・聴く・つなぐ」をぜひ思い出してください。普段から少し意識しイメージすることが、いざという時の行動につながります。

第6章
すべての子どもの権利を実現するために

子どもの権利条約

みなさんは、子どもの権利条約*を知っていますか。子どもの権利条約は、すべての子どもの生きる、育つ、守られる、参加する権利を定め、法的に守り、実行できるようにつくられた権利条約です。

この条約では、18歳未満の人を「子ども」と定義し、発達途中にある子どもの特性に配慮しながら、国際人権規約*の内容を広く反映し、子どもを１人の人間――権利の主体として捉えていることが特徴です。

セーブ・ザ・チルドレンの創設者エグランタイン・ジェブ*は、「子どもは特別な保護と援助を受ける権利を有する」という考え方のもと、１９２４年に国際連盟で採択された、子どもの権利に関する世界初の公式文書とされる「ジュネーブ子どもの権利宣言」の草案を作成したことで知られています。

これは後に、１９４８年に国際連合（国連）で採択された「世界人権宣言*」に「母と子は特別の保護と援助を受ける権利を持つ（第25条）」として受け継がれ、１９５９年には国連で「子どもの権利宣言*」が採択されました。さらに

＊子どもの権利条約：42ページ参照。

＊国際人権規約：１４４ページ参照。

＊エグランタイン・ジェブ：セーブ・ザ・チルドレンの創設者。１９１９年にセーブ・ザ・チルドレンを設立し、第一次世界大戦後のヨーロッパで敵味方の枠を超えて子どもたちの支援活動に取り組んだ。

（©Save the Children）

その後、子どものために各国政府の法的な義務を伴う条約の必要性が認められ、10年以上の年月をかけて、１９８9年11月20日、ついに、「子どもの権利条約」が国連で採択されました。

子どもの権利条約は、世界でもっとも多くの国々・地域が批准*している人権条約です。日本は１９９４年に１５８番目の国として批准しました*。

子どもの権利条約には、世界中のすべての子どもが、子ども時代を自分らしく健康的に安心して豊かに過ごせるようにするための54の条文があります。これは大きく分けると①生きる権利、②育つ権利、③守られる権利、④参加する権利の４つのグループに分類されます（次ページ図１）。

①**生きる権利**――防げる病気などで命を奪われず、病気やけがをしたら治療を受け、安全な水や十分な栄養を得て、健やかに成長する権利のことをいいます。

②**育つ権利**――教育を受けて生きるための知識をつけたり、遊んだり休んだり、また考えや信じることの自由が守られ、自分らしく育つことができる権利のことをいいます。

③**守られる権利**――あらゆる差別や虐待、搾取や精神的な苦痛から守られ、

***世界人権宣言**：すべての人びとが生まれながらにして基本的人権を持っているということを、はじめて公式に認めた宣言。「あらゆる人と国が達成しなければならない共通の基準」として採択された。

***子どもの権利宣言**：ジュネーブ宣言を引き継ぎ、子どもは子どもとしての権利を持ち、また特別な保護を必要とするとした宣言。

***批准**：条約などのルールを国が守ることを約束すること。

*国連加盟国の中で、子どもの権利条約を批准していないのはアメリカ合衆国のみです（２０１９年２月現在。ただしアメリカも条約への署名はしています）。

安心して安全な環境で過ごせる権利のことをいいます。紛争下の子ども、障害のある子ども、少数民族の子どもなどは特別に守られる権利を持っています。

④**参加する権利**――子どもたちが、自分に関わることについて、集まってグループを作ったり、情報を得て、自由に意見を述べたり、声を上げたりすることができる権利のことをいいます。

また、子どもの権利条約には、すべての状況下で考慮されるべき重要な原則があり、次の4つの条項がその原則としてあげられます。図2は、これらの権利が相互に関連していることを示しています。

❶生存と発達（第6条）

子どもの生存と発達を可能なかぎり最大限に確保しなければならないという原則です。さらに、子どもが平和で寛容な社会で役割を担えるような能力を発揮させるために必要とされるさまざまな支援や、生活の基盤を支えるサービスへの権利も確認しています。

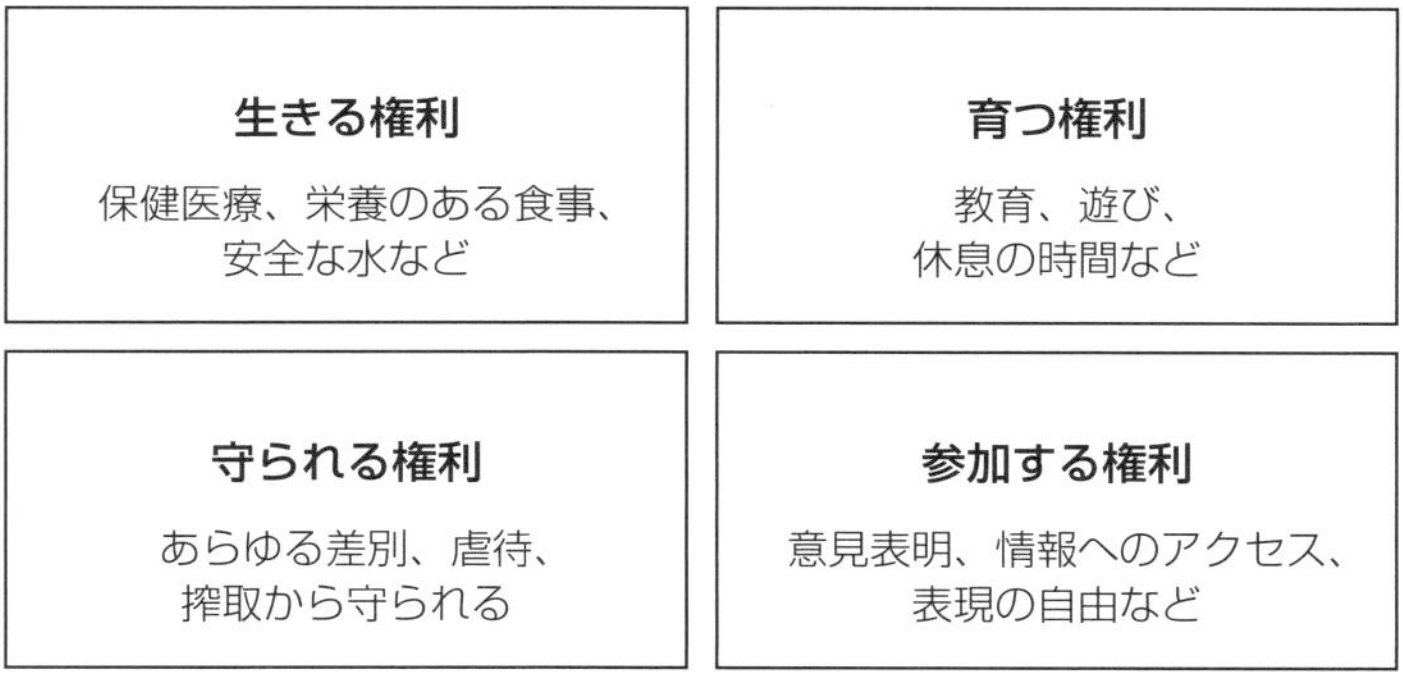

生きる権利	育つ権利
保健医療、栄養のある食事、安全な水など	教育、遊び、休息の時間など

守られる権利	参加する権利
あらゆる差別、虐待、搾取から守られる	意見表明、情報へのアクセス、表現の自由など

●図1　子どもの権利の4グループ

❷差別の禁止（第2条）

あらゆる人権規約の基本的な原則で、すべての権利が例外なく、すべての子どもに適用されることを意味します。子どもがあらゆる差別から保護されるよう対応し、子どもの権利が推進されるための積極的な行動をとる義務を負うことを確認しています。また、この原則は、少女、難民、少数民族、障害者、僻《へき》地《ち》に住む子どもなど、特にもっとも差別の対象となりやすく、弱い立場におかれた子どもたちを優先することを意味します。

❸意見を表明する（参加する）権利（第12条）

子どもの権利条約は、子どもの情報へのアクセスの権利と意見表明の権利を定めた最初の規約です。また、政府が子どもの意見を聞き、考慮する義務も定めています。参加はそれ自体が権利ですが、他の権利を実現するための手段としても大変重要です。子どもが参加できるようにするためには、大人が子どもの声を聞く機会を作ったり、子どもが安心して意見を言える環境を作ったり、子どもの意見を取り入れる制度や仕組みを作ることが求められます。

❹子どもの最善の利益（第3条）

子どもたちを守るためには、特定の状況にある子どもたちに関する決定がな

●図2　子どもの権利の4原則

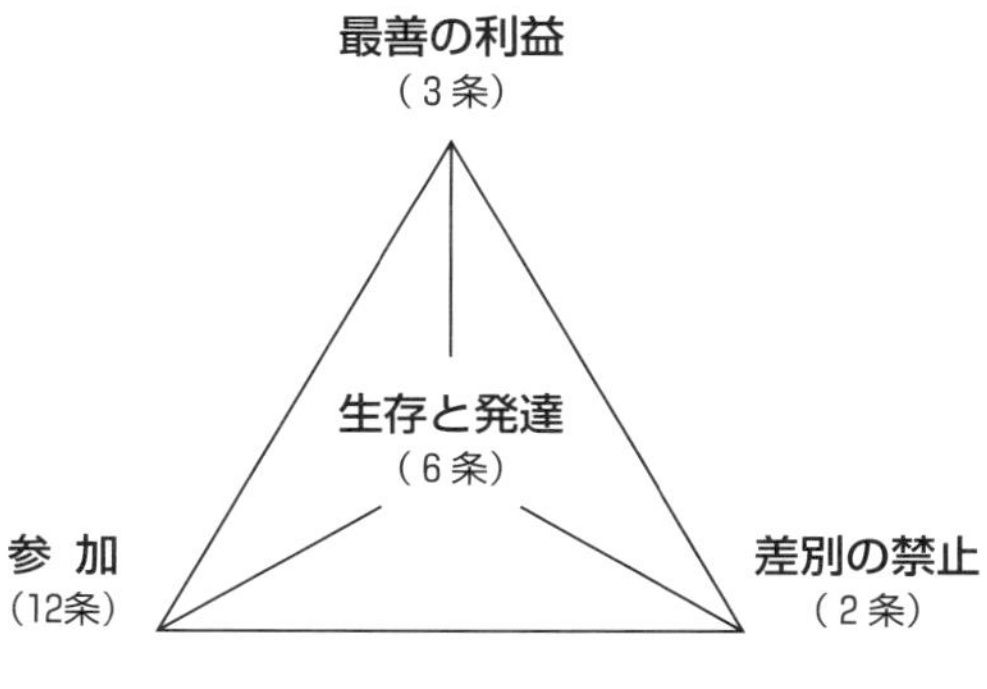

される時、その決定が子どもたちに及ぼす影響を考慮し、子どもの利益を優先しなければなりません。またその判断においては、子どもの考えを考慮することが重要です。

子どもの権利条約は、幅広い権利を対象としており、その権利を保障する国（政府）の義務、親や養育者、社会の役割についても記されています。また、子どもの権利を守ると約束した国や地域は、その国内で子どもの権利が守られているかどうかについて、定期的に「国連子どもの権利委員会*」に報告書を提出する決まりとなっています。

この本のテーマとなっている「紛争下の子どものこころのケア」については、第38条に武力紛争において子どもを保護・養護し、子どもを兵士として武力紛争に直接参加させないことが定められています。また第39条で、武力紛争の被害を含むあらゆる形の残虐な扱いを受けた子どもたちの身体的そして心理的な回復と、社会復帰のためのサポートについて定められています。

国連で、子どもの権利条約が採択されてから、２０１９年11月20日で30年となります。しかし今日でも、日本を含む世界では、多くの子どもの権利が実現されていない状況があります。ここから、世界と日本の子どもたちの状況を見

***国連子どもの権利委員会**：条約によって設置された委員会で、子どもの権利条約がきちんと守られているかを審査する組織。メンバーは18人の独立した専門家で構成される。

ていきましょう。

世界の子どもたちの状況

セーブ・ザ・チルドレンは、２０１７年から6月1日の国際子どもの日にあわせて報告書を発表し、世界の多くの子どもたちの「子ども時代」が奪われている状況に焦点を当てています。

２０１８年6月1日には、報告書『疎外される子どもたち』を発表し、子どもたちから「子ども時代を奪う要因」を、乳幼児の死亡、栄養不良、教育からの排除、児童労働、早すぎる結婚、早すぎる出産、激しい暴力の被害（避難を余儀なくされる状態および殺人）の7つと設定し、多くの統計データをもとに、現状を明らかにしています。さまざまなデータから、世界では、子どもの人口の約半数にあたる12億人以上もの子どもたちが、貧困、紛争、少女に対する差別によって、子どもの権利を侵害され、「子ども時代」を奪われる脅威にさらされていることが明らかになっています。

●報告書『疎外される子どもたち』

■世界では、10億人を超える子どもたちが貧困にあえぐ国々で暮らし、2億4000万人の子どもたちが紛争や脆弱《ぜいじゃく》な状況下にある国々で暮らし、5億7500万人の少女たちが、女性差別が根強い国々に暮らしています。
■紛争地域では、栄養不良、病気、不適切な医療によって命を落とす子どもの数が、紛争に巻き込まれて命を落とす子どもの20倍にものぼります。また、武力紛争のある国では、子どもたちが児童労働に従事する割合が世界平均よりも77%高く、18歳未満の少女の児童婚の割合も増えます。
■最貧困層の少女の出産数は、最富裕層の少女の3倍です。

子ども時代が奪われるリスクに直面している子どもたちのほとんどが、「貧困」「紛争」「女の子に対する差別」という3つの脅威のうちの2つ、あるいは3つを同時に抱える国で暮らしています。1億5300万人の子どもたちが3つの脅威を抱える国に暮らしており、子ども時代が早く終わりを告げてしまう深刻なリスクに直面しています。このような子どもたちは、「誰であるか」あるいは「どこで生まれたか」によって、子ども時代だけでなく、その将来までも奪われてしまう可能性が高いのです。

12億人もの子どもたちの権利が侵害され、子ども時代が奪われる脅威にさらされている背景には、意図的に、あるいは社会から顧みられることなく取り残された子どもたちへの公的支出が、不十分で、非効率で、不衡平であることが関連しています。2015年9月の国連総会で、国連加盟国により全会一致で採択された「持続可能な開発目標（SDGs：Sustainable Development Goals）」*は、2030年までに貧困、不平等・格差、気候変動や、それによる影響が軽減された持続可能な世界を実現することを目指す世界の目標です。

SDGsで掲げられた17の目標*が達成されれば、2030年までに、世界のどこに住んでいようとも、すべての子どもが学校に通い、安全に暮らし、健康に生きられる社会になっているはずです。子どもたちが約束された子ども時代を過ごせるよう、各国政府はその権利を保障する責任を果たし、そのための政策導入と投資を国内および国際協力を通して行うことが不可欠です。

SDGsの目標3には、精神保健・ウェルビーイングの向上が初めて含ま

＊SDGs：43ページ参照。

＊**SDGsの17の目標**：貧困、飢餓・栄養、保健、教育、ジェンダー、水と衛生、エネルギー、雇用、産業、不平等、持続可能な地域、生産と消費、気候変動、海洋資源、生物多様性、平和で包摂的な社会、パートナーシップの17分野から持続可能な社会・経済・環境を目指す目標。

れ、心の問題に取り組むことは、国際社会の優先事項になりました。中でも、若者の死因の第2位は自殺であり、この改善が早急に求められています。

日本の子どもたちの状況

日本は、他の多くの国々と比べると経済的に発展しており、教育や保健医療も普及した国です。では、日本の子どもの権利はすべて実現されているのでしょうか？　いいえ、日本も例外ではなく、子どもたちが健やかな子ども時代を過ごすために多くの課題を抱えています。

たとえば、厚生労働省が発表した「平成28年国民生活基礎調査」によると、日本では子どもの貧困率が13・9％、7人に1人の子どもが貧困*の状態にあります。

これは多くの開発途上国で見られる、日々食べるものや住むところが不足するような絶対的貧困とは違いますが、相対的貧困もまた、子どもの権利条約第27条の生活水準への権利をはじめ、子どもたちの生きる権利や育つ権利を実現するためのさまざまな可能性を奪う、子どもの権利が保障されていない状況と

*ここでいう貧困とは、相対的貧困といって、ほかの子どもが通常得ているものを得られない、通常できていることができないなど、その社会の一般的な生活水準に満たない状態の中で暮らしていることを指す。

言えます。

また、日本においては、子どもの虐待も大きな課題となっています。２０１７年度に全国の児童相談所が対応した児童虐待の件数は13万３７７８件で、過去最多を更新しました。* 虐待は、心理的虐待、身体的虐待、性的虐待、ネグレクトを含みます。セーブ・ザ・チルドレンが、２０１８年2月に発表した調査報告書*によると、大人の約6割が子どもに対するしつけのために体罰を容認すると答えており、子育て中の家庭の約7割で、しつけの一環として体罰等が用いられたということがわかりました。

国連子どもの権利委員会からは、日本における子どもの権利条約の審査において、これまで日本政府に対してさまざまな指摘がされています。たとえば、子どもの教育における過度な競争、いじめ、不登校、遊びの不足、障害のある子どもへの対応、親と暮らせなくなった子どもの養護施設への入所、子どもに対する暴力、子どもの自殺、子どもの貧困、外国人・難民・マイノリティ*の子どもに対する差別、児童買春・児童ポルノ、子どもの権利を守る法律や独立した機関の不足などがあげられています。また、全体として、子どもを1人の人間として尊重し、子どもの意見を聴く姿勢が乏しいという指摘も受けていま

*厚生労働省子ども家庭局家庭福祉課「平成29年度の児童相談所での児童虐待相談対応件数（速報値）」 http://www.mhlw.go.jp/content/11901000/000348313.pdf

*日本全国の20歳以上の男女それぞれ1万人ずつ（合計2万人）を対象に行った意識調査の結果。『子どもに対するしつけのための体罰等の意識・実態調査結果報告書　子どもの体やこころを傷つける罰のない社会を目指して』（２０１８年2月公益社団法人セーブ・ザ・チルドレン・ジャパン）

***マイノリティ**：少数民族・人種、性的マイノリティ、障害者などの社会的少数者のこと。

す。*

こうした現状の中で、子どもの権利の保障に対する社会の理解を、さらに深めていくことも重要です。まずは国、そして大人が、子どもの権利を保障する責任について認識を深め、子どもに対する政策と公的支出を増やし、子どもが健やかに成長できる社会を築くことに力を注ぐ必要があります。

子どもの権利が守られるための働きかけ

グローバル化が進む今日の世界では、貧困、格差、暴力、紛争、気候変動など、世界と日本の問題は相互につながり、また深刻さを増しています。そして、今を生き、未来を担う子どもたちは、こうした問題の影響をもっとも強く受ける人たちです。

それでは、子どもの権利が守られるためには、何をすれば良いのでしょうか？　私たちは、世界中の子どもたちを取り巻く問題を解決し、子どもの権利を実現するために、さまざまな活動を行っています。子どもに関わるすべての活動は、子どもの最善の利益を優先し、また子どもの生存と発達を促進するも

＊子どもの権利委員会総括所見第1回（1998年）、第2回（2004年）、第3回（2010年）、第4回・5回(2019年)

のである必要があります。また、子どもに影響する決定に関しては、常に子どもの意見を聴き、子どもたちとともに物事を決めていく努力が必要とされます。

たとえば、子どもたちの生きる権利を守るために、病院がなく医師がいない地域では、母親や子どもたちが人権に基づいた精神保健・心理社会的支援を含む保健医療サービスを受けられるよう地域のヘルスワーカーを育て、こうしたヘルスワーカーが地域を回って母親の相談相手となったり、必要な時は病院に行けるようサポートすることを後押ししたり、栄養や母乳育児に関する知識をつけたり、栄養価の高い地域の食材を使った調理実習の実施や、重い栄養不良の子どもには栄養治療センターで栄養強化プログラムを提供するなどしています。

また、子どもたちの育つ権利を守るためには、特に弱い立場に置かれた子どもたちが教育を受けて生きるための知識をつけたり、遊んだりスポーツをしたりして子どもとしての時間を過ごせるよう支援を行っています。

守られる権利のためには、子どもに対する暴力を予防する活動や、子どもが守られるためのさまざまなレベルでの仕組みづくり、また紛争地や災害地では、安心・安全な環境で子どもらしい時間を過ごせるように「こどもひろば」*を開設したり、危機的なできごとによりストレスを受けた子どものこころのケアも行っています。

さらに参加する権利を推進する活動としては、子どもたちがいろいろな場で自分たちが関わることについて正しい知識を得て、自ら考え、意見を述べたり、発表したりする活動も後押ししています。

たとえば、２０１１年に起こった東日本大震災の後、被災地域に暮らす子どもが、国や地域の復興・防災計画や、自分たちが住みたい町の計画について考え、自分たちの意見をまとめて行政に対して提言するなどの活動を支援しました。

セーブ・ザ・チルドレンは、こうした子どもたちに対する直接的な支援以外に、問題の根本的な解決に向けたアドボカシー（政策提言）活動にも取り組んでいます。

アドボカシーでは、子どもの権利を保障する義務を負っている国や大人に対して、子どもたちを取り巻くさまざまな問題の状況について調査や分析を行い、問題を解決したり改善をもたらすための政策や仕組み、ルールを提案した

*こどもひろば：48、55、108ページ参照。

●G7伊勢志摩サミットにおいて、SDGsに取り組む市民社会のネットワークで、SDGsについて発信した時のようす

り、キャンペーン活動などを通して、広く啓発・発信することで差別や格差の構造を変え、社会の変革につなげることを目指しています。

２０１５年９月に国連で採択された「持続可能な開発目標（ＳＤＧｓ）」を考えて決めていく時に行ったアドボカシー活動では、「人や国の不平等をなくす」という目標や、「誰一人取り残さない」ための実効策が目標として入るよう、各国政府に働きかけました。子どもを取り巻く課題をより長期的で持続可能な改善につなげていくために、アドボカシーは不可欠な活動です。

こうした幅広い活動を行う上で、セーブ・ザ・チルドレンは子どもの権利に基づく「チャイルド・ライツ・プログラミング」という考え方で活動を計画し、実行しています。

この前提となる「権利に基づくアプローチ」（ライツ・ベース・アプローチ）は、権利に基づき、人びとのエンパワーメントと参加により重点を置き、人権の実現を目的とする支援のアプローチで、１９９０年代後半に国連機関や北欧、イギリス、オランダなどの政府、セーブ・ザ・チルドレンをはじめとする国際ＮＧＯで相次いで採用され、現在では多くのＮＧＯ*が取り入れています。

チャイルド・ライツ・プログラミングは、権利に基づくアプローチの中で

*ＮＧＯ (Non Governmental Organization)：日本語では非政府組織と訳され、政府や国際機関ではない民間の立場から世界中のさまざまな課題に取り組む組織。

も、子どもの権利に焦点を置いた活動の形成手法で、子どもの権利条約をはじめ、子どもにも適用される国際的な人権規約に基づき、一連の活動を実行（状況分析、計画、実施、モニタリング）するものです。

セーブ・ザ・チルドレンのようなＮＧＯは、子どもの権利を守り、実現する責任を負っている義務履行者*が、権利保有者*である子どもに対する責任を果たせるよう、また権利保有者である子どもやその保護者、そして子どもを取り巻くコミュニティが、義務履行者に対して自らの権利を主張できるよう、両方に対する支援や働きかけを行いながら、平等と参加を促進します。図3は、権利に基づくアプローチにおける義務履行者と権利保有者とＮＧＯの関係性を表します。中央の網掛け部分が、ＮＧＯの役割を示しています。

図4は、チャイルド・ライツ・プログラミングにおける活動の3本柱です。

①問題と人権侵害に対処するための直接支援

②義務履行者がその責任を果たせるよう能力強化（政策、実行、制度面での変更や形成）

③権利保有者が子どもの権利を理解し、権利を要求できるよう支援

＊義務履行者：チャイルド・ライツ・プログラミングにおいて、義務履行者は第一には国家・政府を指し、省庁、国会議員、地方自治体などが含まれるが、状況によっては学校、病院、親や養育者、メディア、市民社会、民間セクターなども義務履行者となる。

＊権利保有者：チャイルド・ライツ・プログラミングにおける権利保有者は子どもだが、子どもと関わる親や養育者、地域コミュニティ、また状況によってはさまざまな弱い立場にあるグループ（女性、障害者、難民、少数民族、性的マイノリティ、HIV保有者など）も活動の対象とされる。

●図3　権利に基づく開発アプローチ

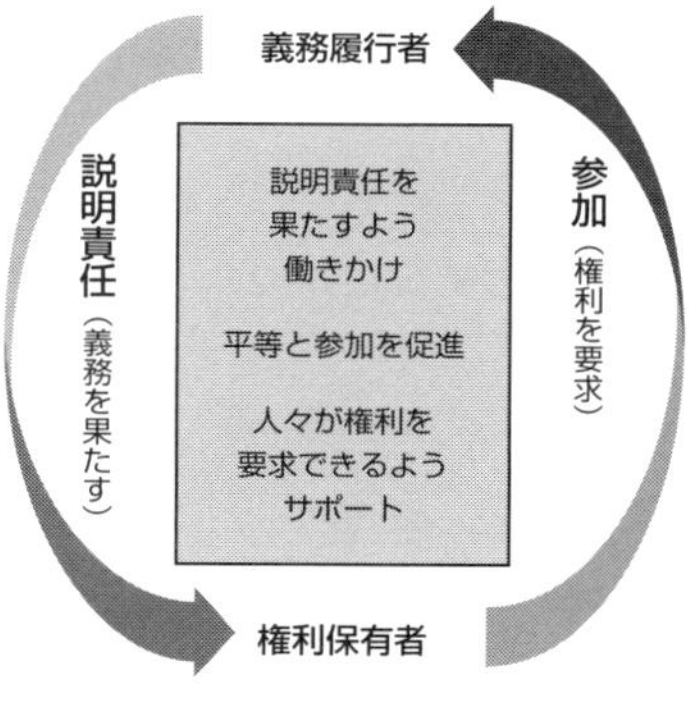

セーブ・ザ・チルドレンのような権利に基づくアプローチをしている団体は、国家のように子どもの権利を実現する直接的な責任を負ってはいませんが、国家がその責任を果たせるよう、一時的に国家に代わってこの部分を担い、能力強化を行う活動を行っています。

たとえば、地方自治体や教員、医療従事者に対して、不足している物資や研修を提供したり、体制構築や政策の策定をサポートしたりという役割を担っています。さらに今の、そして未来の子どもたちのために、各国政府に子どもたちへの公的支出を増やすことを求めています。

近年、シリアをはじめ世界各地で紛争が長期化する中、5人に1人の子どもが紛争地域で暮らしており、また80人に1人の子どもが住みなれた故郷からの避難を強いられています。こうした子どもたちは、もっとも弱い立場に置かれ、「子ども時代」を奪われた子どもたちであると言えるでしょう。

セーブ・ザ・チルドレンは、紛争下の子どもたちの権利を守るため、教育や保健、栄養などの直接的な支援や、子どもたちが安心・安全に過ごせる場づくりやこころのケア、また子どもたちがあらゆる状況で守られるための仕組みづくりを行っています（第3章〜第5章参照）。

●図4　チャイルド・ライツ・プログラミングにおける活動の3本柱

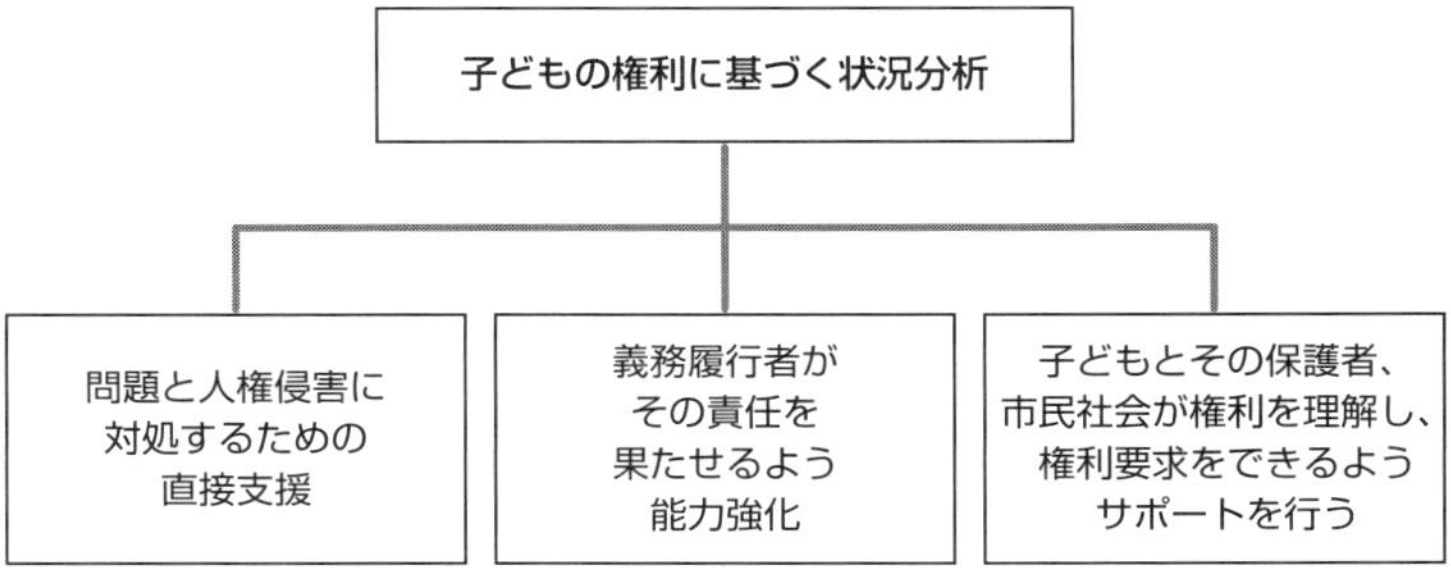

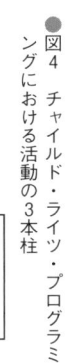

子どもとその保護者、市民社会が権利を理解し、権利要求をできるようサポートを行う

それと同時に、国際社会や各国政府に対して、紛争下において国際人道法*や国際人権法*などのルールを紛争当事者が守ることや、それに違反した当事者が処罰されること、また新たなルールや基準作りのプロセスにも参加し、いかなる状況下でも子どもの権利が守られるよう、訴えかけています。

たとえば、２０１６年９月に開催された「難民と移民に関する国連サミット」*では、紛争などで故郷を離れざるを得ない子どもの教育や保護の権利の保障がサミットの成果文書に盛り込まれるように働きかけました。日本政府に対しても、紛争下の子どもの権利を守るため、平和主義で中立的な立場から、より積極的に国際社会でリーダーシップが発揮されることを期待しています。

子どもの権利を含む人権は、すべての人に平等にあるもので、誰にも奪うことはできません。すべての人は一人ひとりが、生きているということだけで、かけがえのない、尊い、大切な存在です。子どもの権利を実現するための責任を、すべての国の大人と子どもが理解し、共に協力し合う社会をつくることは、長期化する紛争に多くの子どもたちが巻き込まれる中、ますます重要となっています。

この本を通して紹介してきたような一つひとつの活動が、互いの違いを受け

＊**国際人道法**：30ページ参照。

＊**国際人権法**：第二次世界大戦では、多くの人が殺されるなど、戦争の惨禍が起こった。こうした状況を繰り返さないよう、第二次世界大戦後の１９４８年に国連で世界人権宣言が採択され、この内容を基に、国際人権規約（１９６６年採択「市民的及び政治的権利に関する国際規約（自由権規約）」、「経済的、社会的及び文化的権利に関する国際規約（社会権規約）」）が条約化された。また、子どもの権利条約、拷問等禁止条約、女性差別撤廃条約、障害者権利条約、人種差別撤廃条約といったさまざまな人権条約も作られ、こうした一連の国際的な原則を総称して、国際人権法という。

＊**難民と移民に関する国連サミット**：難民・移民の大規模な移動に関し、国連総会ではじめて開催されたサミット。難民と移民の権利を守り、その責任を各国が共有するという政治的意思が表明され、「ニューヨーク宣言」が採択された。

入れ、権利を尊重し合う平和な社会を築く礎になるという信念を持って、活動を続けています。

読者のみなさんにできること

ここまでお読みになって、みなさんの中には「紛争下の子どもたちが置かれた状況は過酷すぎて、とても自分たちには何もできない」、と無力感を感じた方も多いのではないでしょうか。

しかし、日本にいる私たちにも、できることはたくさんあります。何を始めるにも、まずは関心を持ち、理解を深めることが重要です。どうして紛争が起きているのか、子どもたちはどのような課題を抱えているのか。またどのような団体が、どのような支援活動を行っているのか。

これらの答えの多くは、本やインターネットで調べることができます。NGOのホームページからも、多くの情報を得られるでしょう。また、学校の先生に相談して、NGOの人たちから話を聞いたり、NGOに話を聞きに行くこともできるでしょう。

次にできることは、伝えることです。学校や家庭で、周りの人たちと調べたことについて話をしたり、ＳＮＳなどさまざまな場で発信してみて下さい。いろいろな人たちと話をすることで、「自分たちも、何かしたい」と考える人たちとつながることができるでしょう。

すぐに支援活動に加わることは難しくても、応援したい活動を行っているＮＧＯへの寄付を募り、寄付を通して支援に参加することや、新聞に投稿して問題について広く訴えたり、政府に対して「もっとこうした活動に力を入れて下さい」と手紙を書くこともできます。

「知る」「伝える」「行動する」を実践している高校生の活動を紹介します。シリアやアフガニスタンなどの紛争下の子どもたちを取り巻く状況を学んだことをきっかけに、東京2校、長崎2校、沖縄1校の子どもたちが中心となり、約50校の高校生が参加して「学校保護宣言キャンペーン」を立ち上げました。学校への攻撃や軍事利用*の状況について学び、日本政府にも学校保護宣言の支持を求める署名活動を行いました。

将来的に支援活動に専門的に関わるために大学や大学院で専門の勉強をしたり、国際機関やＮＧＯなどのインターン制度に参加したり、といったことも考

＊**軍事利用**：現在「国際人道法」（30ページ参照）の中で学校への攻撃は禁じられているが、学校の軍事利用を規制する指針はない。これを極力やめるべきだと考える組織や国々が2012年より指針を策定し、2015年にノルウェーの首都オスロでこれを普及する「学校保護宣言」に37カ国が支持を示し、「開校中の学校使用の禁止」、「学校の意図的破壊の禁止」などを約束した。現在は86カ国（2019年4月現在）が支持しており、主要7カ国（G7）ではイタリア、フランス、カナダ、イギリス、ドイツと、日本と米国以外の5カ国が支持している。

●集まったこいのぼり型の署名を手渡すために、外務省を訪れた「学校保護宣言キャンペーン」のメンバーたち（外務省前で）

えられます。読者のみなさんの創造力を活かして、身の回りからできることを考えてみて下さい。

さくいん（＊太字は脚注で説明があるページ）

あ

か

さ

監修者からみなさまへ

東京大学総合文化研究科教養教育高度化機構特任准教授

井筒　節

人類は、第2次世界大戦直後、二度と戦禍を繰り返さないために、「戦争は人の心の中で生れるものであるから、人の心の中に平和のとりでを築かなければならない」（国連教育科学文化機関憲章）と誓いました。

しかし、それから72年が過ぎた昨年1年間に、この地球上では402もの紛争が起き、人びとの心には、悲しみ、不安、恐怖、怒り、恨み、憎しみといった感情が降り積もり、新たな紛争やテロの火種としてくすぶっています。そして、これらは、平和どころか分断のとりでとなり、まず心に、やがて大地に姿を現すのです。1年2兆ドルの軍事費や数々の平和合意だけでは解決できなかったこの問題に対処するためには、今、「心の中の平和のとりで」に真剣に思いを馳《は》せる必要があるように思います。

２０１７年に就任したグテーレス国連事務総長も、就任時、「脅威はほとんどの場合、恐怖に端を発して」おり、「相互に対する恐怖を相互に対する信頼に変えられるよう、力を合わせること」が重要だと述べています。領土、死亡率、政治、経済、軍事力、インフラ、資源、環境などの伝統的指標に加え、感情や心の側面を指標にしていくことこそ、これからの人類の中心的課題になっていくでしょう。

国際社会は、２０１５年に国連で採択した「２０３０アジェンダおよび持続可能な開発目標（ＳＤＧｓ）」と「仙台防災枠組」において、「精神保健・ウェルビーイング」を２０３０年までの新優先事項としました。これは、戦争による死者が1年に30万人、殺人が50万件であるのに対し、自殺による死者は80万人に上り、若者の死因2位という現状を考えれば当然のことかもしれません。

セーブ・ザ・チルドレンは、国際社会が心の側面に注目する前から、危機が続く現場で、この分野を推し進める重要な一翼を担ってきました。例えば、２００９年に発表されたセーブ・ザ・チルドレンと国連人口基金による危機下の若者の性と生殖に関する健康をめぐるガイドライン作成時、精神保健・心理社会的支援を統合すべきと主張する私に同意し、積極的にページを用意してくれたのはセーブ・ザ・チルドレンの仲間でした。

現在、さまざまな国において、本文中でも紹介されているＩＡＳＣガイドラインと心理的応急処置フィールド・ガイド、そして子どもや障害者の権利条約を中心として、善意でも「害を与えないこと」を基軸に心のケアが実施されています。

中でも、セーブ・ザ・チルドレンは、子どもの発達段階と取り巻く文化に敏感に目を配りながら、一人ひとりの子どものニーズに合わせた活動を日本と世界で続けています。セーブ・ザ・チルドレンの努力なしには、紛争や災害後の子ども支援に、精神保健・心理社会的支援がここまで主流化されることはなかったかもしれません。

今では、保健、保護、教育、就労、防災、メディアをはじめ、さまざまな分野において、子どもの心に配慮したプログラムが実施されています。そして、憎しみの連鎖を砕き、子どもたちに希望と未来を届ける原動力となっているのです。

人間は感情の生き物です。物で満たされていても、心に苦しみがあれば、幸せを感じることはできません。逆に、どんなに逆境の時も、心の中に光を見いだすことができれば、未来に向けた一歩を踏み出すことができます。そして、その光や「平和のとりで」は、お金がなくても、少しの優しさや協力で生み出すことができるものです。例えば、若者が中心になって進めるEMPOWER Project では、マタニティ・マークやヘルプ・マークのような当時者によるカミングアウトとは逆転の発想で、「できることがあったら、よければ声をかけて」という気持ちをマゼンタ・ピンクのマークで示す「協力者カミングアウト」を進めています。

本書に登場する世界の子どもたちの声に耳を傾け、気持ちに寄り添うことをきっかけに、私たち一人ひとりに今できること、例えば、それぞれの分野で、人びとの気持ちにいつでも目と耳を向けることから始めていけたら、とても素敵だと思います。

おすすめの本

『私たちが目指す世界　子どものための「持続可能な開発目標（SDGs）」』

日本語版制作：公益社団法人セーブ・ザ・チルドレン・ジャパン、2014年
http://www.savechildren.or.jp/news/publications/download/sdgs_child_friendly.pdf

『世界子ども白書2016　一人ひとりの子どもに公平なチャンスを』

UNICEF（国連児童基金）著、財団法人日本ユニセフ協会、2015年

『子どもの権利条約カードブック』

国連子どもの権利委員会委員・弁護士 大谷美紀［監修］、財団法人日本ユニセフ協会、2018年
https://www.unicef.or.jp/kodomo/osirase/2018/07_23.html

『わたしは13歳、学校に行けずに花嫁になる。
――未来をうばわれる2億人の女の子たち』

公益財団法人プラン・ジャパン・久保田恭代・寺田聡子・奈良崎文乃［著］、合同出版、2015年

『わたしは10歳、本を知らずに育ったの。
アジアの子どもたちに届けられた27万冊の本』

公益社団法人シャンティ国際ボランティア会［編］、鈴木晶子・山本英里・三宅隆史［著］、合同出版、2017年

『わかりやすい　世界人権宣言』

公益社団法人アムネスティ・インターナショナル日本、谷川俊太郎［訳］

『イラスト版子どもの権利――子どもとマスターする50の権利学習』

喜多明人・山本克彦・浜田進士・安部芳絵［著］、合同出版、2006年

『知ろう！子どもの権利条約カード付ハンドブック』

フリー・ザ・チルドレン・ジャパン、2018年

『Be Partners ～子どもの権利教材～』

公益社団法人セーブ・ザ・チルドレン・ジャパン、2012年
http://www.savechildren.or.jp/file/be_partners.pdf

『子どもによる子どものための「子どもの権利条約」』

小口尚子・福岡鮎美［著］、アムネスティ・インターナショナル日本・谷川俊太郎［協力］、1995年

『人権で世界を変える30の方法』

ヒューマンライツナウ［編］、合同出版、2009年

『心理的応急処置（サイコロジカル・ファーストエイド：PFA）フィールド・ガイド』

World Health Organization, et al : Psychological first aid : Guide for field workers, WHO, 2011.、国立精神・神経医療研究センター他［訳］、2011

あなたがセーブ・ザ・チルドレンとともにできること

セーブ・ザ・チルドレンは、子ども支援活動を行う民間・非営利の国際組織です。1919年にイギリスで創設され、日本では、1986年にセーブ・ザ・チルドレン・ジャパンが設立されました。生きる・育つ・守られる・参加する「子どもの権利」が実現された世界を目指し、世界120ヶ国で緊急・人道支援、保健・栄養、教育などの分野で活動しています。日本国内では、子どもの貧困や虐待などの課題にも取り組んでいます。

●世界の子どもたちについて知り、考える

セーブ・ザ・チルドレンは、世界各地の支援活動や、子どもたちの状況、さまざまなイベントについて、常時ウェブサイトやSNSで伝えています。ぜひ、こうした情報を見たり、読んだりして、周りの人たちと話してみてください。読者のみなさんをはじめ、たくさんの人に知ってもらうことが、世界を変える身近な一歩です。

セーブ・ザ・チルドレン・ジャパン　ウェブサイト　http://www.savechildren.or.jp/
Facebook　@SCJ.SavetheChildrenJapan
Twitter　@scjapan
Instagram　@savethechildren_japan

●寄付で活動を支援する

セーブ・ザ・チルドレンの支援活動は、みなさんからのさまざま形での支援によって支えられています。毎月一定額を寄付する方法や、1回ずつ寄付する方法、ポイントによる支援などがあります。くわしくは、下記連絡先や、ウェブサイトでご案内しています。

電話：0120-317-502（フリーダイヤル／平日9：30〜18：00）
Eメール：japan.donation@savethechildren.org
支援について　http://www.savechildren.or.jp/contribute/

Save the Children

公益社団法人セーブ・ザ・チルドレン・ジャパン
〒101-0047　東京都千代田区内神田2-8-4 山田ビル4F
電話　03-6859-0070

本書をお読みいただきありがとうございます。ぜひ、感想をお寄せください。
この本の売り上げの一部は、セーブ・ザ・チルドレンの活動に使われます。

第４章

西口祐子（にしぐち・ゆうこ）

セーブ・ザ・チルドレン ミャンマー事務所
子どもの保護アドバイザー代行
大学院で紛争後の平和構築について学び、国内のNGO勤務を経て、2008年セーブ・ザ・チルドレン・ジャパンに入局。国内事業部や海外事業部で、子どもの保護や子ども参加事業に従事。2013年からミャンマーやレバノンに駐在し、紛争の影響を受けた子どもの保護事業を担当。2019年２月より現職。

第５章

アンソフィー・ディブダル（Anne-Sophie Dybdal）

セーブ・ザ・チルドレン・デンマーク
子どもの保護シニアアドバイザー
児童心理士。10年間にわたり国立の児童精神科や行政の児童福祉支援に従事。国際機関での勤務を経て、2007年からセーブ・ザ・チルドレンで緊急下の子ども保護事業や、「子どものための心理的応急処置」の開発に携わる。

赤坂美幸（あかさか・みゆき）

セーブ・ザ・チルドレン・ジャパン
国内事業部　プログラムオフィサー
日本と米国で心理学と幼児教育を学び、2011年よりセーブ・ザ・チルドレンで東日本大震災の緊急・復興支援に従事。現在、国内で「子どものための心理的応急処置」の普及や、モンゴル、ガザ、韓国でも研修を実施。

第６章

堀江由美子（ほりえ・ゆみこ）

セーブ・ザ・チルドレン・ジャパン
アドボカシーマネージャー
通信社勤務を経て、英国の大学院で農村開発修士号取得。1999年よりカンボジアで農村開発事業に従事し、2002年に入局。海外事業部、法人連携部を経て、2010年よりアドボカシーを担当。

監修者・執筆者紹介

[監修者]

井筒　節（いづつ・たかし）

東京大学総合文化研究科教養教育高度化機構特任准教授
（医学系研究科兼担）

東京大学医学系研究科保健学博士。東京藝術大学音楽研究科博士課程単位取得退学。国連心理官及び精神保健・障害チーフ、世界銀行上級知識管理官、国連世界防災会議「障害を包摂した防災パブリック・フォーラム」議長、国連障害と開発報告書「精神障害タスクチーム」共同議長等を歴任。劇団四季・ディズニー作品の翻訳や解説も担当。

[執筆者]

第１章・第２章

太田しのぶ（おおた・しのぶ）

セーブ・ザ・チルドレン・ジャパン
広報オフィサー

大学卒業後、行政機関や国内のNGO・NPO勤務を経て、英国の大学院で女性学修士号取得。2017年から現職。

第３章

マルシア・ブロフィー（Dr Marcia Brophy）

セーブ・ザ・チルドレン・インターナショナル
中東地域メンタルヘルス・心理社会的支援シニアアドバイザー

発達心理学の博士号を持つ。児童心理学者とウェルビーイング・メンタルヘルス専門家として17年以上にわたり国際機関やNGOなどで勤務。2017年にセーブ・ザ・チルドレンが発表したシリアとイラクの子どもたちのメンタルヘルスに関する調査報告書の著者。

組　版　　森宏巳
装　幀　　六月舎＋守谷義明

わたしは12歳、爆撃される悪夢を見る夜。
——紛争下でこころのケアを必要とする4億人の子どもたち

2019年5月20日　第1刷発行

監修者　　井筒　節
著　者　　公益社団法人セーブ・ザ・チルドレン・ジャパン
発行者　　上野良治
発行所　　合同出版株式会社
東京都千代田区神田神保町1-44
郵便番号　101-0051
電話　03（3294）3506
FAX　03（3294）3509
振替　00180-9-65422
ホームページ　http://www.godo-shuppan.co.jp/
印刷・製本　　株式会社シナノ

■刊行図書リストを無料進呈いたします。
■落丁・乱丁の際はお取り換えいたします。

ISBN978-4-7726-1377-4　NDC360　210 × 148